JOHN MORRIS

CARDI YN Y CABINET

Argraffiad cyntaf: 2019

Dymuna'r cyhoeddwyr gydnabod cymorth ariannol
Cyngor Llyfrau Cymru

Cynllun y clawr: Y Lolfa

Rhif Llyfr Rhyngwladol: 978 1 78461 727 1

Cyhoeddwyd, rhwymwyd ac argraffwyd yng Nghymru gan
Y Lolfa Cyf., Talybont, Ceredigion SY24 5HE
gwefan www.ylolfa.com
e-bost ylolfa@ylolfa.com
ffôn 01970 832 304
ffacs 832 782

I Margaret am ei chariad, ei chyngor a'i hamynedd yn cyd-hwylio (fel disgynnydd o forwyr y Cei) ar fordaith ryfeddol ac annisgwyl, ac yn aml lle nad oedd wythnos heb ddatblygiad newydd.

A minnau'n dilyn dwy alwedigaeth llywyddu ar fy mhroffesiwn fel y Twrnai Cyffredinol, ac yn Ysgrifennydd Cymru am dros chwe mlynedd, bu Margaret yn magu Nia, Non ac Elinor bron fel un rhiant, heblaw am fis Awst pan y diflannem fel teulu am wythnosau hir i'n lloches yn Ewrop; ac i'm mam a'm llystad, Evan Lewis, am fagwraeth a chefnogaeth hael.

Diolch yn arbennig i Dr Brinley Jones, cyn-lywydd ein Llyfrgell Genedlaethol, am ei gefnogaeth a'i waith yn sicrhau glendid yr iaith.

Rwyf mewn dyled hefyd i'r wasg am dderbyn y syniad o gyhoeddi, i'r golygydd Meinir Wyn Edwards am awgrymiadau doeth, ac i Carys Briddon am ddehongli fy ysgrifen mor broffesiynol.

John Morris (cyn A.S. Aberafan)
Arglwydd Aberafan, a Cheredigion;
Marchog a Marchog y Gardas; Cwnsler y Frenhines;
cyn-Gofiadur ac aelod o'r Cyfrin Gyngor

CYNNWYS

Dechrau'r daith

YN ÔL ADOLYGIAD yr Athro Peter Stead, Abertawe, o'm hunangofiant *Fifty years in Politics and the Law*, gwladwr wyf, wedi gorfod ennill ei fara menyn yn y ddinas. Mae tipyn o wir yn hyn: saethu, pysgota, a'r tywydd – prif ddiddordebau pob ffermwr – oedd fy niddordebau innau, a phum brawd yn ffermio. Dim syndod y'm gwelwyd innau fel dafad ddu y teulu am fy mod yn gyfreithiwr.

Cawsom ein magu ar ddwy fferm yn eu tro, ffermydd gweddol fach, Bwlch a Ffoslas ger Capel Seion yn gyntaf, ac yna ymfudodd y teulu i dir gwell ar lannau'r Rheidol. 'Plant Abernant' oeddem ac ar ddydd Diolchgarwch roedd saith ohonom yn llenwi dau gôr yng nghapel Aberffrwd.

Gadewid fy mam â thri o blant dan saith oed pan fu farw fy nhad yn sydyn o ryw glefyd pan oedd yn barnu gwartheg duon Cymreig a rhai ucheldiroedd yr Alban yn Sioe Smithfield yn Llundain. Roedd hyn cyn darganfod penisilin.

Daeth lwc mawr i'n rhan pan ailbriododd fy mam, ag Evan Lewis o fferm gyfagos, ac mae ein dyled i'r ddau yn enfawr. Gweithiodd y ddau yn galed, ac rwy'n rhyfeddu at y ffordd gallodd ein mam fagu, bwydo, gwisgo a chynghori ei saith o blant. Gofalodd fy llystad, a oedd yn ddyn cryf a chywir, ac yn ffermwr da, ein bod yn cael pob gofal.

Cofiaf ei ffonio o Chancery Lane yn Llundain pan oeddwn wedi gwrthod y cynnig i barhau fy addysg yng Nghaergrawnt, ac mewn sgwrs fer fe'm hanogodd i ailystyried. Gadewais fy mwriad i basio arholiadau'r Bar am y tro, a thrwy ei gefnogaeth newidiais fy nghwrs a dal y trên i Gaergrawnt a'i rhyfeddodau.

Rhoddasant i'w plant yr adnoddau: tri i raddio mewn gwahanol golegau – Dei yn Brifathro cyntaf Coleg Amaethyddol Cymru ac a ddysgodd sawl to o'n ffermwyr ifainc – a sicrhau ffermydd i'r lleill – ac Elisabeth, ein chwaer, a raddiodd mewn Gwyddoniaeth yng Nghaerdydd. Dyna pam rwy'n gwrthwynebu gymaint y rheidrwydd o dalu yn awr am addysg prifysgol, cwrs a fuasai'n fynydd enfawr i'm rhieni i ddringo.

Cefais fy addysg elfennol yn ysgolion Penllwyn ac Aberystwyth. Penllwyn oedd ysgol fy mam a'm tad-cu, a rhai o'm neiaint a nithod. Bu Syr John Rhys o Bonterwyd yn dysgu ynddi, ac ymhen blynyddoedd cefais y fraint, fel Ysgrifennydd Cymru, i agor ysgol newydd yno.

Yna i Ardwyn lle yr oeddwn yn un o sefydlwyr y clwb dadlau amser cinio, a heb fawr o arweiniad gwahanol euthum i Goleg Aberystwyth i astudio'r Gyfraith, a llanw swydd Llywydd y Dadleuon.

Barnwyd fod Penywern, fferm fy nhad, yn rhy bell o'r ysgol, ac yn bump a hanner oed fe'm hanfonwyd i dŷ fy mam-gu a thad-cu yn Dolcniw, Penllwyn, yn ystod yr wythnos. Roedd Mam-gu wedi cael addysg ramadeg ym Mhontypridd ac yn wraig fferm, yn flaenllaw, yn *suffragette* yn ôl y lluniau, ac yn un o sefydlwyr cymdeithas yn y sir i godi arian i roddi addysg i ferched i ddysgu nyrsio. Pan ddaeth isetholiad nodedig sir Aberteifi yn 1921, gyda dau ymgeisydd Rhyddfrydol, hi gadeiriodd gyfarfod i Mrs Lloyd George yn y pentref. Yn ystod Rhyfel 1939 ac ymlaen wedi hynny, hi gadeiriodd y tribiwnlys a benderfynai a ddylsai merched ifainc y sir adael cartref i fynd i wasanaeth cyhoeddus. Y peth mwyaf tebyg yw iddi golli ei hiechyd oherwydd y baich, a hefyd gofidio am ei mab yn garcharor yn Japan, a merch yn byw yn yr Almaen.

Hen löwr oedd fy nhad-cu a adawodd yr ardal i fynd i weithio dan ddaear pan oedd yn 13 oed, a chofiaf weld teligram oddi wrth Mabon, A.S. y Rhondda, yn gofyn iddo gadeirio cyfarfod anodd yn ei etholaeth pan oedd yn gadeirydd y Gyfrinfa, y Lodge, yn Wattstown. Roedd yn rhan o gytundeb Lib/Lab yn y de, ond dychwelodd i ffermio yn ei fro enedigol. Roedd ei ofal a'i ddylanwad yn fawr arnaf.

Cyn imi fynd i'r coleg, dim ond dylanwadau Rhyddfrydol a gefais yn fy milltir sgwâr, ac roedd yn agoriad llygad imi wedyn i gyfarfod â bechgyn a merched o bob rhan o Gymru â dylanwadau eraill tra oeddwn yn y coleg. Penderfynais ymuno â'r Blaid Lafur pan gyrhaeddwn un ar hugain oed, gyda'r bwriad o wneud gymaint ag y gallwn i ymestyn cydraddoldeb i'm cyd-ddyn ac i greu corff cenedlaethol democrataidd i'm cenedl.

Roedd Caergrawnt a'r bywyd coleg yn fyd newydd eto. Cefais fy ethol yn fuan yn ysgrifennydd rhyngwladol y Clwb Llafur, er mai paratoi'r te ar brynhawniau Sul i'r clwb oedd fy ngorchwyl, ond rhaid oedd dechrau yn rhywle!

Roedd cyfathrachu a dadlau efo gymaint o egin-wleidyddion yn ehangu gymaint o'm profiad. Cyfarfod â Christopher Norwood, John Biffen, Tam Dalyell, Roland Moyle, Giles Shaw, a ddaethant i gyd yn Aelodau Seneddol; Hugh Thomas (Arglwydd wedyn), hanesydd y Rhyfel Cartref yn Sbaen a'i dad-cu yn Ficer Myddfai; ac Alan Watkins o Rydaman, gohebydd gwleidyddol pwysig yr *Observer* wedyn.

Yr un mor bwysig oedd cael te – ar ôl diwrnod o waith yn llyfrgell y Squire, sef llyfrgell y gyfraith – efo Gareth Jones o'r Rhondda, un o gyfreithwyr academig disgleiriaf y ganrif, a dwywaith yn Is-Feistr Coleg y Drindod; Roland Moyle o Lanidloes, wedyn yn gyd-weinidog y Goron gyda minnau, a John Lewis, Gwasg Gomer, Llandysul a fyddai'n frawd-yng-nghyfraith i mi maes o law.

Fy mwriad ar ôl pasio'r arholiadau oedd ysgrifennu traethawd ar gyfansoddiad Gogledd Iwerddon, yr unig batrwm o ddatganoli oedd gennym yn y deyrnas.

Ond roeddwn wedi gwasgu digon ar adnoddau fy mam a 'nhad, ac roedd dwy flynedd fel milwr yn galw arnaf. Gweithiais yn ystod gwyliau'r haf at arholiadau'r Bar, a chyn cael y canlyniad ymunais â'r Ffiwsilwyr Cymreig yn Wrecsam. Yr oedd yn bwysig i mi i gyd-fyw â chylch ehangach o Gymry ifainc os oeddwn am fod yn Aelod Seneddol yng Nghymru.

Cyn hir fe'm hanfonwyd i Brunswick yn yr Almaen, a'm gorchwyl fel swyddog ifanc oedd mynd â dwsin o fechgyn wedi eu harfogi, tros nos a'r llenni i lawr, o Hanover i Berlin i sicrhau ein hawl i fynd o'r *zone* Brydeinig i Berlin. Beth a ddigwyddai petasem yn cael gwrthwynebiad ac yn cychwyn rhyfel byd arall? Mewn ffaith fawr o berygl!

Pan oeddwn yn gadael Caergrawnt gofynnwyd imi, yn Rali Ffermwyr Ifainc sir Aberteifi, a fyddwn yn fodlon ceisio bod yn ymgeisydd Llafur yn y sir, a minnau'n un ar hugain oed. Pan y gorfu imi ddatgelu bod gwasanaeth milwrol o'm blaen, dewiswyd rhywun mwy pwrpasol a phrofiadol. Dyfynnais adroddiad Huw T. Edwards ar ddiboblogi yng nghanoldir Cymru yn fy araith. Talais y pwyth yn ôl iddo drwy sefydlu Bwrdd Datblygu Cymru Wledig pan ddeuthum yn Ysgrifennydd dros Gymru.

Ar ôl gadael y fyddin ailgydiais yn y paratoi i fod yn fargyfreithiwr, ac ymuno wedyn â siamberi William Mars Jones, y barnwr. Pan oeddwn gartref dros y Nadolig cafodd sefydlu Undeb Amaethwyr Cymru argraff fawr arnaf, ac er syndod i'r teulu ymunais â hwynt fel cyfreithiwr a dirprwy ysgrifennydd cyffredinol. Dilynwyd hyn gan y ddwy flynedd fwyaf cyffrous yn fy hanes – trefnu, areithio mewn cyfarfodydd dros Gymru benbaladr, a chynghori ffermwyr mewn chwe swyddfa.

Yng nghanol y prysurdeb ofnadwy rhoddwyd fy enw ymlaen i fod yn ymgeisydd Llafur yng ngorllewin Caerfyrddin. Roeddwn yn adnabyddus yn y sir gan mai yno y sefydlwyd yr Undeb Amaethwyr ac roedd ganddi aelodaeth gref o ffermwyr. Roedd pencadlysoedd y Blaid Lafur yng Nghaerdydd a Llundain yn gwgu'n fawr ar fy ymyrraeth mewn isetholiad pwysig yn dilyn y drychineb yng Nghamlas Suez. I'm syndod, a syndod pawb arall, drwy gefnogaeth y glowyr a'r gweithwyr amaethyddol, deuthum o fewn un bleidlais – 46 i 45 – mewn brwydr â'r Fonesig Megan Lloyd George, a oedd wedi ymuno â'r Blaid Lafur.

Pan ddaeth cyfle arall yn fuan bûm yn fwy ewn byth a chynnig am sedd Aberafan a oedd wedi ei chlustnodi ar gyfer arweinydd lleol blaenllaw, Llewellyn Heycock. Y canlyniad oedd buddugoliaeth o 100 i 75. Roedd fy ateb mewn un cyfarfod lleol i'r cwestiwn hwn yn allweddol: "Beth a wyddwn am y diwydiant dur?"

"Dim," oedd yr ateb, "ond fel bargyfreithiwr rwy'n barod i ddysgu."

Ymhen ychydig flynyddoedd roeddwn yn gorchwylio ysgrifennu Papur Gwyn y Llywodraeth ar wladoli'r diwydiant dur. Ac felly y bu. Roeddwn ar y ffordd i gynrychioli Aberafan am 41 mlynedd a mwy.

I gloi'r rhan yma o ddwy flynedd gyffrous cyfarfûm â Margaret yn Eisteddfod Llangefni yng nghwmni ei thad, Edward Lewis, a wnaeth gymaint i hyrwyddo cyhoeddi Cymraeg, a John Lewis, fy hen gyfaill o Gaergrawnt. O fewn ychydig roedd wedi cytuno i'm priodi, a dyna gychwyn mordaith efo'n gilydd yn llawn digwyddiadau annisgwyl. Yn y cyfamser roeddwn wedi gadael yr Undeb i ailgydio mewn dysgu'r grefft fel bargyfreithiwr yn siamberi (Syr) Alun Talfan Davies yn Abertawe, arbenigwr ar ddamweiniau yn y glofeydd a diwydiant – materion o ddiddordeb mawr i'm darpar-etholwyr.

Sylweddolais mor ddibynnol oedd Aberafan ar un diwydiant a mynegbost fy mrwydr gyntaf oedd y geiriau, "Dim cardod i ddyn ond gwaith."

Bu datganoli fel gwynt yn chwythu'n gryf dros fy ngweithrediadau drwy'm hoes, ond fel Ysgrifennydd

Cymru, gwaith a chyflogaeth a gymerai fwyaf o'm hamser. Er imi wrthod cynllun economaidd i Gymru, gwell oedd gennyf roi'r pwyslais ar gynllunio ac adeiladu cysylltiadau trafnidiaeth fel yr M4 a'r A55 – a gwrthodais bont arall yng Nghonwy, rhwng y gorllewin a'r dwyrain.

Cefais beth dylanwad ar fuddsoddiadau ym Mhort Talbot, dewis safle y D.V.L.A., a sicrwydd o filoedd o swyddi ar ran fy Ngweinidog, a sicrhau ymdrechion Callaghan i ddod â chwmni Ford i Ben-y-bont. Ond ar ôl y siom enfawr i ddatblygiad Hoover ym Merthyr, cymysg oedd ein llwyddiant yn y cymoedd a'r gorllewin, ond credaf fod cryfhau cysylltiadau yn rhoi gobaith i'r dyfodol.

Arweinyddion mewn gwleidyddiaeth

DROS OES HIR, ar ôl cychwyn yn ieuanc, deuthum ar draws pob un o brif wleidyddion fy mhlaid ac eraill a oedd yn flaenoriaid yn ein galwedigaeth. Yn naturiol roedd rhai yn fwy effeithiol na'r lleill. Mae'n werth sôn am rai o'r rheini hefyd, fyddai Cledwyn Hughes yn eu disgrifio fel 'y proffwydi llai'.

Bûm yn ffodus o nawddogaeth fy arweinyddion cyntaf – Gaitskell, Wilson a Callaghan. Erbyn Blair roeddwn i bron yn un o 'ddynion ddoe' ('yesterday's men'), fel llawer o rai eraill a fu ar y blaen tan i ni golli'r etholiad yn 1979 ac na welwyd dim defnydd iddynt ar ôl buddugoliaeth enfawr i'n plaid yn 1997.

Bûm i'n ddyn lwcus, yn un o leiafrif bach a ddyrchafwyd i swydd yn 1997, ac a wasanaethodd fel Gweinidog yn llywodraethau Wilson a Callaghan. Teimlwn, er hynny, mai cael fy ngoddef oeddwn i fel Twrnai Cyffredinol gan Tony Blair. Rwy'n bell o fod yn siŵr pam yr aeth penwythnos gyfan heibio ar ôl buddugoliaeth 1997 cyn imi gael fy ngalw ar y ffôn tua'r dydd Mawrth canlynol. Tybed a oedd y swydd wedi ei haddo i rywun arall, er fy mod i wedi cael addewid clir tua dwy flynedd ynghynt? Yr oedd fy narpar brif swyddogion yn disgwyl yn unig yn y siamberi dros benwythnos Gŵyl y Banc, a minnau'n chwysu. O'r diwedd daeth yr alwad. Croniclaf fy mherthynas â Blair, maes o law.

Hugh Gaitskell

Gaitskell oedd fy arweinydd cyntaf. Pan ddeuthum i'r Senedd yn 1959 roedd y rhwyg rhwng Gaitskell ac Aneurin Bevan wedi darfod, ac Aneurin yn ei araith fythgofiadwy i rai ohonom, ond nid i bawb, wedi cyhoeddi na allai Ysgrifennydd Tramor Llafur fynd i gynadledda efo'i gyd-arweinyddion heb arfau niwcliar i'n hamddiffyn. Mae rhai bob amser am anghofio ei araith. Roedd heddwch yn teyrnasu yn ein plaid pan gyrhaeddais Dŷ'r Cyffredin, er bod pawb o'n plaid yn gofidio am golli'r etholiad.

Roeddwn i wedi clywed araith Gaitskell yn codi'r to yn Scarborough: "Ymladdaf, ac ymladdaf eto, tros y blaid rwy'n ei charu." Nid y 'dessicated calculating machine', yn ôl Aneurin flynyddoedd ynghynt, oedd hwn.

Ni chefais fawr o gyfle i fwynhau areithiau Aneurin yn y Tŷ. Fe'i clywais yn isetholiad Caerfyrddin yn 1957 yn mwynhau ateb yr heclwyr yn y rali fawr yn y farchnad. Ni fu'r ddau, Gaitskell nac Aneurin, fyw yn hir iawn ar ôl imi gychwyn yn y Tŷ.

Roeddwn wedi cyfarfod â Clement Attlee, eu rhagflaenydd, ddwy waith cyn imi ddod yn Aelod. Y tro cyntaf yng Nghaergrawnt yn ei groesawu efo'm cyfaill Roland Moyle i annerch Clwb Llafur y Brifysgol. Roedd tad Roland, Arthur Moyle A.S., yn gyn-Ysgrifennydd Seneddol Preifat i Attlee, ac yn hanu o Lanidloes lle cafodd Roland ei addysg cyn mynd i goleg Aber. Ymhen blynyddoedd wedyn roedd Roland a mi yn gyd-Weinidogion.

Wrth gerdded i lawr Stryd y Drindod, Caergrawnt, collwyd gafael ar Roland, ac roedd Attlee yn gofidio. Yn ystod isetholiad Caerfyrddin yn 1957, pan chwaraeais ran amlwg, cefais y fraint o agor yr ymgyrch efo Attlee ym Mhenygroes. Y rhyfel yng Nghamlas Suez oedd y testun llosg. Siaradodd Attlee, na fu erioed yn hirwyntog, am ddeg munud:

"Mae'r rhyfel yn anghyfreithlon, mae'n groes i Siarter y Cenhedloedd Unedig", ac eisteddodd i lawr.

'Law not war' oedd slogan ein plaid ar y pryd.

Roedd ei eiriau yn seinio yn fy nghlustiau yn y nawdegau a minnau, fel Twrnai Cyffredinol, yn ceisio creu seiliau cyfreithiol i'r rhyfel yn Kosovo. Mae llyfr John Bew, *Citizen Clem*, yn egluro'n glir ran Attlee yn creu'r Cenhedloedd Unedig, ac nid wyf wrth ei ddarllen yn synnu dim am ei bwyslais ar y Siarter.

Roedd dau neu dri o Aelodau Seneddol yn trafaelu lawr i Gaerfyrddin bob nos i annerch cyfarfodydd. Roedd cyfarfodydd yn bwysig bryd hynny. Un o'r Aelodau oedd y Parch Llewelyn Williams, A.S. Abertyleri. Aeth i eistedd yn agos at Attlee gan obeithio cael sgwrs ag e. Ond dim gair yr holl ffordd i Abertawe! Aeth Llewelyn, oedd â diddordeb mawr mewn chwaraeon, allan yn Abertawe i brynu dau gopi o'r *Evening Post*. Rhoddodd un i Attlee. O Abertawe i Gaerfyrddin doedd dim pall ar sgwrs Attlee ar griced. Dywedir nad oedd yn darllen fawr o'r papurau newydd, a bu cryn berswâd arno gan Frances Williams, ei Swyddog i'r Wasg, cyn sefydlu peiriant newyddion yn Downing Street, gyda'r ddadl y gallai Attlee glywed sgôr y criced.

Un o'r storïau difyr am Attlee oedd pan fu un tro yn llywyddu ar gyfarfod o'r blaid seneddol ac yn gwrando ar aelod o Birmingham ar y drychineb a allai ddod â'r byd i ben pe defnyddid arfau niwcliar, ac yn gynhyrfus iawn yn disgrifio'r cwmwl fel madarchen yn dringo o'r danchwa. Daliodd Attlee ati, yn ôl ei arfer, i 'ddwdlan' ar bapur wrth wrando, a phan dawelodd yr aelod, ei unig sylw oedd, "We must watch it." Mae'n gyd-ddigwyddiad mai cadwyn aur Attlee rwy'n ei gwisgo yn seremonïau Urdd y Gardas. Yn fy henaint deuthum yn farchog eilwaith wrth i mi gael fy nyrchafu i'r Urdd hynaf, y Gardas, fel rhai Prif Weinidogion.

Ond yn ôl at Hugh Gaitskell. Cynnyrch y dosbarth canol, ysgol Winchester a Rhydychen oedd e, yn un o'r rhai o'r un cyff a ddylanwadodd gymaint ar y Blaid Lafur, fel Crossman, Crossland, Healey, Douglas Jay, a Roy Jenkins, oedd â'i wreiddiau dipyn yn wahanol. Ond fel y dywedodd rhywun, "Allwch chi fyth gyhuddo Roy o fod yn bwdr, ymdrechodd gymaint i ddileu olion ei wreiddiau."

Roedd meddwl Gaitskell fel rasal, ac yn ei gweld hi'n anodd i gymodi. Ei egwyddorion oedd natur y deyrnas, yr angen am gynllunio adnoddau, pwysigrwydd cydraddoldeb drwy sicrhau amodau gwell i'r mwyafrif, ac yn bennaf oll amddiffyniad y Deyrnas a sicrhau blaenoriaeth iddi yng nghynadleddau'r byd. Roedd dylanwad y Raj, lle gwasanaethodd gymaint o'i ddosbarth, yn gryf arno.

Dim ond pedair araith rwy'n credu a wneuthum drwy fy oes yng nghyfarfodydd wythnosol y blaid seneddol. Yr araith gyntaf oedd honno yn y cyfarfod cyntaf ar ôl cyrraedd i wrthwynebu syniadau Douglas Jay A.S. a chyn-Weinidog yn llywodraeth 1945–51, i newid enw'r blaid, a dileu gwladoli'r diwydiant dur o'n rhaglen, sef y ddau reswm, yn ei ôl ef, a wnaeth inni golli'r etholiad.

Gan fy mod yn groch o'r frwydr yn fy etholiad roedd hyn yn hollol annerbyniol imi.

Yr ail un, yn weddol fuan wedyn, oedd araith ar y bwriad o dderbyn catrawd o danciau'r Almaenwyr i'w hyfforddi ar aceri eang Castell Martin, Penfro. Yn arwyddocaol, fy swydd olaf yn y fyddin oedd Dirprwy Weithredwr (Assistant Adjutant) yng Nghastell Martin, yn gofalu am anghenion ein milwyr a ddôi yno i hyfforddi eu tanciau. Gellais sicrhau'r blaid na ddylsai fod unrhyw wrthwynebiad lleol. Roedd unrhyw ddicter am y gorffennol yn diflannu a byddai croeso i gyflogaeth leol.

Y tro arall y siaradais oedd flynyddoedd wedyn i wrthwynebu'r bwriad o drosglwyddo'r fraint o ethol arweinydd o'r blaid seneddol i gynrychiolaeth o wahanol garfanau o'r blaid. Dengys amser pa mor ddoeth oeddwn. Cyd-aelodau, wedi byw yn glòs at ein gilydd, gan adnabod ein diffygion a'n cryfderau, oedd y rheithgor gorau i ddewis.

Ar sail fy araith ar Gastell Martin, a chan fod unrhyw aelod o'n plaid oedd â diddordeb yn y fyddin yn brin, gofynnodd Gaitskell imi fynd ar y Fainc Flaen i gynrychioli ein diddordeb yn y fyddin. Dyna gychwyn, a chefais y fraint yn fy senedd gyntaf i siarad o'r Fainc Flaen ar amaethyddiaeth a'r diwydiant dur, a hefyd i gyfrannu ar faterion Cymru. Gwelir ffrwyth hyn yn yr atodiad a ddarganfuwyd yn ddiweddar. Sicrheais ddadl arbennig ar y drefn o noddi llyfrau Cymraeg. Roedd gennyf rywbeth i'w gyfrannu yn y meysydd hyn.

Fel swyddog yn yr Almaen roeddwn wedi bod yn ganolwr yn y ffug frwydrau yno, a chof am y Cadfridog 'Windy' Gale yn traethu ar bwysigrwydd arfau niwcliar byr eu cyrhaeddiad, fel *cruise missiles*.

Fel swyddog ifanc, cyfyng ei brofiad, roedd hi'n anochel imi os y defnyddid un o'r arfau mwyaf cyfyng hyn, byddai'r demtasiwn o godi'r bar, a defnyddio rhai eraill, mwy erchyll a phellach eu cyrhaeddiad, yn rhy fawr. Yr unig obaith oedd sicrhau fod pob darpar elyn yn sylweddoli na fyddem yn petruso defnyddio pob arf niwcliar oedd gennym yn y cwpwrdd – y trychineb mwyaf. Nid oedd lle felly i gychwyn ar arfau llai. Cadwyd yr heddwch yn Ewrop, ac yn ehangach dros y blynyddoedd, drwy ddychryn. Y brif ddadl heddiw dros gadw arfau niwcliar yw nid perygl oddi wrth y pwerau mawr, ond bygythiadau unbenaethiaid ac eraill o wledydd bach, y rhai sydd yn aml ar yr ymylon.

Fy ngofid mwyaf oedd y perygl o arbrofi wrth greu dwst niwcliar. Roedd hyn yn rhan bwysig o'm haraith yn y cwrdd dewis ymgeisydd yn Aberafan yn 1957, ac yng nghyfnod Gaitskell enillais y cyfle i gael dadl ar ddwst niwcliar 'Strontium 90' yn y Tŷ. Allwn i byth fod wedi dychmygu beth fyddai'n dilyn, flynyddoedd wedyn, o danchwa Chernobyl.

Deuthum yn fuan iawn i edmygu gonestrwydd a deallusrwydd Gaitskell, ac roedd y cytundeb rhyngddo a Bevan yn rhyddhad mawr i'r blaid seneddol.

Roedd yn foddhad mawr imi mai tri Chymro athrylithgar ac ymarferol – David Lloyd George, Aneurin Bevan a Jim Griffiths – oedd penseiri'r Wladwriaeth Les. Aneurin y Gwasanaeth Iechyd, a Jim y Ddeddf Insiwrans a wnaeth gymaint i ddileu tlodi a chwrdd ag angen. Ceisiais dalu'r pwyth yn ôl i Lloyd George drwy gadeirio yn ystod y ganrif hon yr Ymddiriedolaeth a sicrhaodd godi cerflun iddo yn Sgwâr y Senedd yn agos at ei gyfaill Winston Churchill. Gan fod cymaint o flynyddoedd wedi mynd heibio roedd hi'n anodd codi'r arian ond trwy lwc daeth un o'i edmygwyr o Gymru i ginio hanner dydd yn y Tŷ – (Syr) Stanley Thomas o Ferthyr – a rhoi ei law yn ei boced ac addaw cyfraniad o £200,000. Oni bai am hyn methiant fyddai'r peth mwyaf tebyg, beth bynnag oedd y bwriad. Gwireddwyd y freuddwyd gyda chofgolofn urddasol ac arwyddocaol ei ffurf, wedi ei chynllunio gan Gymro arall, Glynn Williams, a'i dadorchuddio gan y Tywysog Charles, Tywysog Cymru, a'i briod.

Harold Wilson

Gyda marwolaeth annisgwyl Gaitskell rhaid oedd ethol arweinydd newydd. Ymgeisiodd tri am y swydd – Wilson,

George Brown a Jim Callaghan. Roedd tipyn o amheuaeth am Wilson ers ei ymddiswyddiad gyda Bevan o Gabinet Attlee, ac roedd cefnogwyr Brown yn ddall i'w ffaeleddau – dyn byrbwyll ac yn rhy hoff o'r botel – ac efallai rhai'n credu nad oedd gan Callaghan ddigon o brofiad. Aeth fy mhleidlais gyntaf i Callaghan. Bu'n garedig iawn imi, fel cyd-Aelod o Gymru, ac i Margaret, pan ddaethom gyntaf i'r Tŷ. Ar ôl pleidlais eithaf parchus, aeth allan o'r frwydr ar ôl y bleidlais gyntaf.

Doedd dim amheuaeth gennyf na allwn fod â hyder yn Brown i fod yn gyfrifol am wasgu'r botwm niwcliar, er nad oedd ei wendid i'r botel yn amlwg y pryd hynny.

Yn ddiweddarach pechodd yn ddrwg pan alwyd arno mewn cinio i dalu teyrnged i'r Arlywydd Kennedy ar ei farwolaeth. Bu am amser hir yn Stafell Werdd y BBC cyn cael ei alw i'r meic. Roedd ei gywilydd gymaint fel yr oedd yn bygwth ymddeol o'r byd gwleidyddiaeth. Yr oeddwn yn digwydd bod yn rhan o ddirprwyaeth seneddol i Gyngor Ewrop ym Mharis. Rhoddwyd y cyfrifoldeb arnaf i'w gadw oddi wrth y wasg am dridiau, yn y gobaith y byddai pawb yn anghofio am ei drosedd. A dyna fel y bu.

Adeg ethol arweinydd roeddwn wedi cyrraedd fy nghartref yn Llundain, ar ôl noswaith ar y *sleeper* o Gaerdydd. Penderfynais mai un cwrs oedd imi i'w ddilyn, sef pleidleisio dros Wilson. Pan ffoniais ei gartref, roedd yntau yn y gawod, wedi dychwelyd dros nos o Lerpwl.

Gymaint oedd ei ddiddordeb ym mwriadau'r rhai oedd
wedi pleidleisio dros Callaghan fel y daeth yn ôl ar y ffôn
yn fuan. A dyna gychwyn cyfeillgarwch am oes, a thon
o garedigrwydd tuag ataf. Honnwyd iddo fy nisgrifio
unwaith fel 'a safe pair of hands'.

Dywedodd unwaith fod wythnos yn amser hir mewn
gwleidyddiaeth. Mae'n rhy gynnar i'w fesur yn iawn ar
fantolen hanes. Roedd ganddo dipyn o wendidau. Roedd
yn tybio yn rhy aml fod pawb, yn enwedig y chwith yn
y blaid, am ei ddisodli, ac yn cynllwynio yn ei erbyn – y
rheini oedd y 'reds under the bed'. Nid oedd ei ffrindiau
bob amser yn bwrpasol, ac yr oedd yn rhy agos at aelodau
o'i staff wrth dderbyn cyngor, ond mae disgrifiad Bernard
(nawr Arglwydd) Donoghue, un o'i ysgrifenyddion
gwleidyddol, yn ei ddyddiaduron yn werthfawr iawn o'r
rhai yn Rhif 10 y dibynnai arno. Yn fy marn i, roedd
Wilson yn un o'r dynion clyfra mewn gwleidyddiaeth
yn yr oes hon. Ychydig dros 30 oed roedd yn Llywydd
y Bwrdd Masnach yn y Cabinet, a chyn hynny yn un o
ysgrifenyddion Syr William Beveridge a wnaeth gymaint
i greu athroniaeth a phatrwm y Wladwriaeth Les, ac yn
dilyn arweiniodd y trafodaethau efo'r Unol Daleithiau i
dalu am ein mewnforiad o danwydd ar ôl y rhyfel.

Roedd yn siaradwr cryf, ac os y cofiaf yn iawn, fyth
yn codi ei lais yn Nhŷ'r Cyffredin. Gallai fod yn fachog a
gwasgu'r cledd i'r eithaf, ac yn ddidrugaredd. Roedd ei

gof yn anhygoel, yn arbennig o'r areithiau yng nghofnod Hansard, bron i'r dyddiad a'r golofn.

Pan oedd yng Ngholeg Iesu, Rhydychen, rhannai ystafelloedd â (Syr) Goronwy Daniel. Mewn Cabinet, un tro, ar ôl iddo ddychwelyd o annerch rali yn Aberystwyth a wynebu protest swnllyd am y pris a dalwyd am ddŵr yng Nghymru, derbyniodd fy nghynigiad i sefydlu ymchwiliad yn y gwahaniaeth mewn prisiau a dalwyd yng Nghymru a rhannau o Loegr am ddŵr.

"Beth am gadeirydd?" dywedodd. "Beth am Goronwy?"

Am funud tybiais mai cyfeiriad at Goronwy Roberts A.S. Caernarfon ydoedd, ond pan amlinellodd mai angen stategydd oedd arnom, Goronwy Daniel oedd y dyn. Roedd ef a Daniel yn stategyddion.

Dau neu dri chof arall sydd werth eu croniclo. Yn fuan ar ôl ei ethol yn arweinydd roedd yn bwriadu trafaelu i Gaerdydd ar y trên. Cefais neges. Roedd am drafod problemau'r diwydiant dur ar y siwrnai, ac roeddwn innau yn mynd ar yr un trên i Bort Talbot yr un pryd. Bryd hynny roedd *compartments* ar y trên a gwahoddodd fi i gael cinio gydag ef. Tipyn gwahanol i beth gewch chi heddiw ar y trên. Gofalodd fod saws H.P. ar y bwrdd – roedd y saws, ei bibell a'i got law o wneuthuriad Kagan yn rhan annatod o'i ddelwedd. Cyn hir gofynnodd imi,

"Pan enillwn yr etholiad pwy ddylsai fod yn

Ysgrifennydd cyntaf Cymru? Beth am Ness Edwards?"
(A.S. Caerffili a chyn-Bostfeistr Cyffredinol yn y
Llywodraeth Lafur flaenorol).

Atebais yn syth ac yn ewn, "Na, dim o gwbl."

Ni fyddai'n dderbyniol i Gymru nac i'r Aelodau
Seneddol. Cofiwn iddo greu cynnwrf am ei pholisi iaith
yn Eisteddfod Caerffili, ac yr oedd yn hunanbwysig iawn
tuag at yr aelodau Cymreig fel cyn-Weinidog, ond bu'n
garedig iawn tuag ataf i.

"Nid oes ond un dyn i'r swydd," dywedais. "Jim
Griffiths."

Nid oedd yn twymo at fy nghynnig yn syth.

"Bydd Jim yn siarad yn rhy hir yn y Cabinet."

P'un ai ges i unrhyw ddylanwad arno, dwn i ddim.
Roeddwn yn siarad dros fy hunan, â hyder gŵr ifanc. Ond
dyna fel y bu. Jim ddaeth yn Ysgrifennydd Gwladol cyntaf
Cymru yn gwireddu polisi ein maniffesto, a gytunwyd
arno ar ôl cryn dipyn o wrthwynebiad ymysg aelodau
Cymru. Roedd sefydlu Jim fel Ysgrifennydd yn 1964 yn
allweddol. 'Darpar gwaith yw ei ddechrau' oedd ei hoff
eiriau.

Pan enillwyd yr etholiad yn 1964 nid oeddwn yn disgwyl
unrhyw swydd ar ôl pum mlynedd yn unig yn y Tŷ. Yn
sydyn daeth galwad i fynd i Downing Street. Byr iawn
bob amser, o leiaf i rywun fel fi, oedd y sgwrs apwyntio i
swydd.

Dywedodd y Prif Weinidog wrthyf, "Rwyf wedi dilyn eich gwaith a'ch cwestiynau ar y diwydiant dur, ac rwyf am ichi fod yn Is-Ysgrifennydd yn yr Adran Ynni. Wrth gwrs, byddaf yn disgwyl datblygiadau yno."

Rhyw ddau neu dri oedd ein mwyafrif yn y Tŷ, a bu gwladoli dur erioed yn gwestiwn llosg, hyd yn oed o fewn ein plaid.

"You, John, have the poisoned chalice," meddai.

Ar ôl gadael Rhif 10 y sylweddolais yn iawn y broblem o'n blaenau a daeth yn glir imi yr anawsterau i lywodraeth oedd â chyn lleied o fwyafrif i symud yn y maes hwn.

Ar ôl ychydig dros flwyddyn fe'm symudwyd i fod yn un o is-Weinidogion Trafnidiaeth o dan Barbara Castle A.S. i oruchwylio'r rheilffyrdd. Ein bwriad oedd rhoi'r brêc ar gynlluniau Ernest Marples, y Gweinidog Torïaidd, i rwygo ymhellach rhwydwaith y rheilffyrdd.

Pan oeddwn yn y Weinyddiaeth Drafnidiaeth penododd Barbara fi i fod yn Gadeirydd cyd-bwyllgor o'r rheilffyrdd, oedd yn cynnwys y Gwasanaeth Sifil ac arbenigwyr annibynnol fel cyn-gadeirydd Shell i archwilio polisïau a chyllid y rheilffyrdd. Derbyniodd y Cabinet ein hadroddiad a bu'n sail i ran o'r Ddeddf Drafnidiaeth 1968.

Yn ôl dyddiadur Castle roedd Wilson am fy apwyntio yn Gadeirydd y Bwrdd pan ymddiswyddodd y Cadeirydd, yr is-Gadeirydd a hanner y Bwrdd, yn dilyn yr adroddiad.

Yn ei llyfr dywed Castle iddi wrthwynebu fy apwyntiad gan nad oedd gennyf brofiad o fyd busnes. Roedd wrth gwrs yn iawn, ond tybed beth fyddai cwrs fy mywyd pe bawn wedi cael fy apwyntio. Nid oedd Wilson yn pryderu am apwyntio dyn mor ifanc, fel y llanwodd ef gymaint o swyddi ei hunan. Nid ofnodd Peter Walker, A.S., olynydd Barbara fel Gweinidog, i apwyntio Dick Marsh A.S. yn Gadeirydd, er nad oedd ganddo yntau unrhyw brofiad o fusnes tan hynny.

Roedd Wilson yn hoff o symud Gweinidogion, yn enwedig is-Weinidogion o un swydd i'r llall. A minnau ym Mhort Talbot, ar fin cychwyn cymhorthfa i wrando ar ofidiau fy etholwyr, daeth galwad ffôn o Rif 10 Downing Street yn dweud bod y Prif Weinidog am siarad â mi. Nid oedd y ferch oedd yn gyfrifol am y swyddfa yn credu pwy oedd yno, a rhoddodd y ffôn i lawr! Ond mae gan Rif 10 y traddodiad o allu darganfod unrhyw un, lle bynnag y bo, ac ar yr ail gynigiad clywais y geiriau,

"Harold yma. Ar ôl eich gwaith ar y rheilffyrdd rwy am eich dyrchafu yn Weinidog Gwladol yn yr Adran Amddiffyn i ofalu am ddarpariaethau'r Fyddin, y Llynges a'r Llu Awyr. Gan fod y swydd wedi etifeddu'r hen swyddi milwrol pan oedd Gweinidogion dros y tair adran, mae'n talu ychydig yn well na swyddi tebyg."

Ar ôl fy niolch dywedodd, "It all depends how the

cookie crumbles." Dywediad Americanaidd oedd yn newydd imi.

Mwynheais y swydd yn fawr iawn, ac ymwelwyd â'r Amerig, yr Almaen, Libya, India a'r Dwyrain Pell.

Daeth Margaret gyda mi i rai llefydd, a gwnaeth waith gwerthfawr i geisio gwella amodau byw'r gwragedd ifanc a adawyd am oriau hir ymhell o swyddi eu gwŷr. Yr oeddent yn aml yn eu harddegau, gyda dyletswyddau teuluol newydd, ac yn unig. Roedd hwb i'r awdurdodau yn gallu bod yn werthfawr.

Y lle tristaf y buom yno oedd El Adem, lle'r Awyrlu Brenhinol ger Tobruk yn Libya. Gan ein bod yn bwriadu tynnu'r milwyr yn ôl nid oedd gwariant ar yr amodau byw, a'r gwragedd ifainc yn El Adem yn gorfod gwneud eu gorau, ond roedd yn rhaid i'r plant chwarae ar lawr pridd ac roedd y cartrefi heb lenni yn aml.

Yn yr India euthum ddwywaith i weld llongau'n cael eu lawnsio. Ar lawnsiad rhaid dal y llanw os oedd y doc yn sych wrth adeiladu llong.

Roedd y Prif Weinidog, Indira Gandhi, yn lawnsio'r llong. Roedd y Gweinidog Amddiffyn yn ei chyflwyno – *sikh*, oedd yn mwynhau'r cyfle i annerch cannoedd o adeiladwyr y llong. Cafodd ef hi'n anodd i dewi ar fwrlwm ei eiriau ac roedd perygl o golli'r llanw. Edmygais yn fawr yr Ysgrifennydd Parhaol, cynnyrch Coleg y Drindod, Caergrawnt, a gamodd ymlaen a thynnu'r Gweinidog i lawr drwy gydio yn ei gôt hir wen.

Roedd Wilson am inni wneud argraff dda ar Mrs Gandhi. Roedd Cynhadledd y Gymanwlad ymhen rhai wythnosau ac roedd gennyf neges bersonol iddi oddi wrtho. Nid oeddem yn sicr faint o groeso a gawsem. Nid oedd yr Indiaid yn rhy eiddgar i gyfaddef y cymorth a roddwyd iddynt gennym i adeiladu'r llong. Roedd yn fenter newydd iddynt. Gallai Mrs Gandhi fod yn oeraidd iawn hefyd. Ond fel arall y bu. Roedd ar ei hwyliau gorau a'm pleser oedd adrodd am y croeso i'r Prif Weinidog. Yn ddiweddarach roedd yn dristwch mawr imi pan gafodd ei llofruddio, a'r un peth ddigwyddodd i Benazir Bhutto, cyn-Brif Weinidog Pacistan, a ddaeth ataf am gyngor cyfreithiol pan ddychwelais i bracteisio ar ôl fy nghyfnod fel Twrnai Cyffredinol. Anghofia i fyth ei meddwl miniog pan oedd yn fy nghroesholi yn fy siamberi.

Mae'n llawer mwy peryglus i fod yn wleidydd mewn rhai gwledydd sydd ar yr wyneb wedi etifeddu traddodiadau, arferion a safonau democrataidd. Yn anffodus, yn ddiweddar, bu tri eithriad i ddiogelwch gwleidyddion yn ein gwlad – yn Cheltenham, West Ham, a Jo Cox, A.S. druan yn Birstall. Yr oeddwn yn ofalus bob amser fod rhywun gennyf yn gwmni pan oeddwn yn cwrdd â'm hetholwyr. Diolch iddo, ni chefais unrhyw drafferth erioed.

Rhoddodd Wilson arweiniad cryf i'r llywodraeth, fel ar ddiwedd y cyfnod hwn roedd ein gwariant ar addysg yn uwch nag ar amddiffyn.

Un cof arall o Wilson hoffwn groniclo. Bryd hynny roedd ein plaid yn cynnal ralis mawr, ac un o'r blaenoriaid yn annerch. Roedd un ym Mangor a'r llall yn Aberystwyth drannoeth. Wilson oedd y prif siaradwr. Cofiodd, pan oedd yn ŵr ifanc, amdano yn seiclo drwy ogledd a chanolbarth Cymru am Bontarfynach, lle y cysgodd yn dda rhyw dro!

Ar ôl y cyfarfod ym Mangor rhaid oedd trafaelu drwy hanner y nos i Bontarfynach, a Heddlu Gwynedd yn ei warchod i Fachynlleth, a Heddlu Dyfed-Powys wedyn. Roedd dwsinau o blismyn yn ei ddisgwyl, er eu bod yn hanner cysglyd erbyn hynny yng ngwesty'r Hafod Arms.

Trannoeth roedd am fynd o amgylch y rhaeadr enwog yno. Bant â ni – Wilson, Mary, ei wraig, minnau ac un plismon cudd. Ychydig cyn hynny roedd wedi cylchredeg dogfen i'r Cabinet, a chan fod etholiad yn agosáu, meddai,

"Meddyliwch am destunau poblogaidd i wario ychydig, ond dim gormod." 'Little things go a long way' oedd y testun.

Roedd yr Eisteddfod Genedlaethol ar y pryd mewn tipyn o drybini ac yn arbennig oherwydd cost y pafiliwn symudol. Cyn cyrraedd pen y daith, dywedais,

"Beth amdani? Ydy cynorthwyo'r Eisteddfod Genedlaethol yn ariannol yn gymwys ac o fewn eich bwriad?"

"I know all about it," atebodd. "I've been to Llangollen."

Esboniais mai sefydliad hollol wahanol oedd y Genedlaethol, ac oherwydd ei fod yn symudol roedd yn gostus iawn.

"All right," dywedodd. "How much do you want? Don't pitch it too high or the Treasury mandarins will kick it out."

"What about £75,000?" gofynnais.

"Make it 50," oedd ei ateb, a dyna'r penderfyniad.

Roedd bargeinio yn rhan o natur fy nghyndeidiau yn y byd amaethyddol yng Ngheredigion ers 1650! Nid oeddwn wedi trafod y mater efo'r cynghorwyr o gwbl, a £75,000 oedd y ffigur cyntaf a ddaeth i 'mhen.

Aed ymlaen i drafod cwestiwn ariannu Pedwaredd Sianel, ond fel y mae'r ohebiaeth oddi wrth (Arglwydd) Robin Butler yn ei swyddfa yn dangos, problem arall oedd honno. Y wers i mi oedd na ddylech wastraffu amser prin pan yr ydych ar ben eich hun efo'ch meistr!

Fy mhryder nawr, a dderbynnid yr arian gan yr Eisteddfod? Y gwir amdani nad oedd dewis ganddynt; ond yn fy mhrofiad o Gymru, cynigiwch rywbeth newydd, ac y mae siawns dda y caiff ei wrthod am ryw freuddwyd arall. Siarsiwyd fy mhrif swyddogion i beidio â datgelu unrhyw beth. Fel yr oedd yn digwydd, roedd swyddogion yr Eisteddfod, a oedd yng Nghaerfyrddin, wedi'm gwahodd i annerch y cyngerdd nos Sul. Anfonwyd neges at Miss Norah Isaac, y Cadeirydd, a adnabum ers fy mhlentyndod, y byddwn yn hoffi cael gair â hi hanner awr cyn y cyngerdd. Cyfarfûm â hi a'r Trysorydd ar ein pennau ein hunain. Roedd hi'n ddigon hirben, a'i chariad at y sefydliad yn gorlifo, fel y derbyniwyd yr arian heb unrhyw gwestiwn. Roeddent â ffydd ynof. Ac felly y bu. Cyhoeddais y newydd da yn ystod fy araith, a dilynwyd y gŵys honno am flynyddoedd wedyn.

"Mae pethau bach yn mynd yn bell yn wir!"

Ond i ni yng Nghymru, arweiniad Wilson ar ddatganoli yw'r mater pwysicaf. Roedd y Comisiwn Brenhinol ar y Cyfansoddiad a sefydlodd wedi bod yn rhanedig ynglŷn â'r camau nesaf, ond roedd digon ynddo i greu'r momentwm i symud ymlaen.

Derbyniais yr her i wneud cynigiadau, a minnau'n Ysgrifennydd Cymru. Roeddwn wedi gweithio ar y testun ers fy nhrafodaethau â Gwilym Prys Davies yn 1953. Oherwydd galwad y Fyddin a phrinder adnoddau, methais yn fy mwriad o astudio'r system ddatganoli oedd yn bodoli yng Ngogledd Iwerddon fel rhan o'm gradd Meistr yn y Gyfraith yng Nghaergrawnt. Roedd Wilson, pan gefais fy apwyntio yn Ysgrifennydd Cymru, wedi rhoddi rhyddid imi i ddod â'm cynlluniau gerbron.

Mae Bernard Donoghue (Arglwydd), un o'i Ysgrifenyddion Gwleidyddol, yn disgrifio cyfarfodydd hir y Cabinet yn Chequers yn ei ddyddiaduron.

"They were quarelling like monkeys," oedd ei ddedfryd.

Cryfder Wilson oedd iddo roddi digon o amser i'r gwrthwynebwyr i ddadlau, rhan amlaf yn groes i'w gilydd. Roedd y gwrthwynebiad yn dod yn aml gan wahanol rai. Dim ond ei ddirprwy, Ted Short, a minnau oedd yn sefydlog. Roedd Michael Foot, rwy'n credu, yn gefnogol, ond yn groes i'w arferiad yr oedd braidd yn dawel.

Mewn pwyllgor o'r Cabinet, yn aml gall dau allan o wyth fod yn fwyafrif, os oedd penderfyniad clir gan y ddau. Os yw'r Prif Weinidog yn un o'r ddau gallant orchfygu'r lleill, a dyna fel y bu. Yr un peth yn y tri Cabinet llawn trwy'r dydd yn Chequers. Er nad oedd fawr o ddiddordeb gan fwyafrif aelodau'r Tŷ, roeddent yn fodlon aberthu amser prin i'r trafodaethau, ond roedd digon o le i griw bach o wrthwynebwyr i danseilio pob cynigiad, ac wrth gwrs roedd eu buddugoliaeth i gael Refferendwm yn y diwedd yn ddigon i ddinistrio ein breuddwydion am y tro.

Weithiau, dywed rhai nad oedd Wilson yn wir ddatganolwr. Efallai oherwydd ein trafferthion, a'r amser a gymerwyd ar lawr y Senedd, roedd yn diflasu, ond ni ddangosodd hyn imi o gwbl. Roedd ganddo ddiddordeb mawr yn y Cyfansoddiad a'r Gwasanaeth Sifil a'i beirianwaith. Rwy'n credu mai'r Comisiwn Brenhinol a apwyntiodd ef oedd un o'r rhai olaf. Wedyn, nid oeddent yn ffasiynol. I'r pwrpas o symud ymlaen, apwyntiodd ei gyfaill Crowther-Hunt o Rydychen yn Arglwydd ac yn Weinidog ac i fod yn glust iddo, a llawer bore Sul bûm yn trafod datblygiadau a bwriadau efo Crowther-Hunt ar y ffôn o Garthwen, ein cartref. Bu'n gymorth mawr, ac roedd ei fendith yn bwysig.

Yn drist iawn collodd Wilson ei gof. Roedd wedi bod ar y brig ers dyddiau Rhydychen. Roedd yr hen beiriant ymenyddol wedi treulio, a'r cof anhygoel ddim yno mwyach. Roedd ei gymar, Mary, a fu farw yn ddiweddar yn 102 oed, yn hynod o heini ar ddathliad pen-blwydd Harold, a fyddai wedi bod yn gant, yn 2016. Roedd wedi treulio'r blynyddoedd yn wraig i wleidydd blaenllaw, gan sefyll wrth ei ochr pan fyddai tyrau ifori Rhydychen efallai'n dir mwy deniadol iddi.

Jim Callaghan
Rhaid oedd ethol arweinydd unwaith yn rhagor. Yr etholwyr fel arfer oedd aelodau Tŷ'r Cyffredin. Nid oedd amheuaeth gennyf mai tro fy hen gyfaill Jim Callaghan oedd hi yn awr. Curodd Michael Foot.

Roedd wedi bod yn A.S. yng Nghaerdydd ers diwedd

y rhyfel pan aeth yn syth o'r Llynges lle yr oedd yn swyddog. Digon tlawd oedd ei ddyddiau cynnar, a'i fam yn weddw ar ôl colli ei gŵr a oedd yn Chief Petty Officer yn y Llynges. Cyn hynny gweithiodd yn y Gwasanaeth Sifil a daeth yn swyddog yn ei undeb. Yn ddiweddarach, un arall o swyddogion yr undeb oedd y Farwnes Symons (Elizabeth o Vernham Dean) sy'n gyfnither o bell imi, ac fel finnau yn ddisgynnydd o weithwyr mwyn Banc y Darren, Ceredigion. Eisteddaf yn aml wrth ei hochr yn Nhŷ'r Arglwyddi. Cefnder arall o bell, o ochr arall y teulu, yw Jacob Rees-Mogg A.S., sydd â'r un faint o waed y Morysiaid, trwy ei fam, Gillian Morris, o fferm Ty'n Fron, Llanilar, ag sydd yn fy merched. Credaf i Gillian gael lloches yn Nhalybont adeg y rhyfel. Tra oedd yn y Llynges treuliodd teulu Callaghan rai blynyddoedd yn Llandudno. Efallai mai yn y cyfnod hwn y daeth i garu'r Wyddfa. Fel arall roedd yn ddigon diwybod am Gymru, y tu allan i Gaerdydd.

Dychwelodd Callaghan i Gymru y penwythnos gyntaf ar ôl cael ei ethol yn arweinydd ein plaid, ac yn dilyn yn Brif Weinidog.

Fe'm ailapwyntiwyd yn Ysgrifennydd Cymru yn y Cabinet newydd. Â'r frwydr am ddatganoli yn y Senedd heb ei hennill, nid oedd yn gwneud unrhyw synnwyr i'm trosglwyddo i unrhyw swydd arall – y fi oedd, wedi'r cyfan, yn arwyddbost na fyddai'r llywodraeth yn newid ei chwrs. Dyna'r ffordd mae newidiadau yn cael eu darllen. Er hynny bu'r Weinyddiaeth Amaeth yn fy nghrombil ers dyddiau isetholiad Caerfyrddin. Mab fferm oeddwn, disgynnydd cenedlaethau yn dilyn 'crefft gyntaf dynol ryw', a Morgan yn un o enwau fy nghyndeidiau – cyn inni gael cyfenwau, yng Nghwmeurig Uchaf, Ystrad Meurig yn sir Aberteifi, yn amaethu ers o leiaf 1625, a'm brodyr i gyd (pump) yn dilyn yr un alwedigaeth, a'r Morysiaid a'r Jenkinsiaid yn dal i gynhyrchu gwartheg, defaid a merlod Cymreig o'r radd uchaf.

Fel Ysgrifennydd Cymru fy ngorchwyl hapus oedd mynd bob tro y gallwn i Frwsel, i bwyllgor amaethyddol y Gweinidogion os oedd buddiannau Cymru yn cael eu trafod, ac o dro i dro gymeryd arweinyddiaeth y ddirprwyaeth Brydeinig, os oedd fy hen gyfaill Fred Peart A.S. am gael ychydig oriau o seibiant yn oriau'r nos i weld gêm ffwtbol pan oedd un o dimau nodedig yr Iseldiroedd yn chwarae. Dim y bêl gron oedd fy ngêm i! Profiad gwerthfawr oedd pan ofynnodd Callaghan imi un noson ar y llong *Britannia*, pan oeddwn fel Ysgrifennydd Cymru yn hebrwng y Frenhines ar ei thaith drwy Gymru, i fynd trannoeth i Frwsel i gymeryd lle Gweinidog arall. Fel llywyddion y Cyngor ar y pryd, gwaith Prydeiniwr oedd cadeirio'r pwyllgor trafod cyflogaeth a lles.

Dychwelodd Callaghan i Gymru y penwythnos gyntaf ar ôl cael ei apwyntio yn Brif Weinidog a'm gorchwyl gyntaf oedd dyfeisio rhaglen iddo i ehangu ei wybodaeth o Gymru.

Roedd yn digwydd bod yn agor pont yn y dociau yn ei etholaeth. Dywed yn ei hunangofiant (tud. 397):

Cynigiodd John Morris a Cledwyn Hughes y dylswn fabwysiadu yr hen ddihareb Gymreig fel fy arwyddair, 'Bid ben: bid bont', a byddai'r arwyddair yn marcio arddull fy arweinyddiaeth. Fe'i defnyddiais ar lawer achlysur.

Gwneuthum innau'r un peth pan y gorfu imi gael arfbais pan y'm dyrchafwyd yn Farchog yn Urdd y Gardas flynyddoedd yn ddiweddarach, a llun tarw du Cymreig fy nghyndeidiau yn uchel yn Eglwys Sant Siôr yn Windsor.

Aethom, bron yn reddfol, i lawr i bwll glo Cynheidre, y diwydiant oedd yn un o seiliau'r Blaid, efallai yn y gorffennol erbyn hyn, ac roedd un tad-cu imi â gwythiennau wedi eu marcio'n las fel hen lowyr ers pan aeth dan ddaear yn dair ar ddeg oed, ac yn ddiweddarach yn gadeirydd y gyfrinfa yn Wattstown, y Rhondda.

Cododd Callaghan y pwynt gyda mi yn y car, pwy ddylai fod yn Weinidog Amaeth? Awgrymais Cledwyn yn y lle cyntaf. Roedd wedi bod yn Weinidog llwyddiannus pan oedd amaethyddiaeth wedi mynd drwy gyfnod helbulus. Ond doedd dim yn tycio. Ni ddeallais y rheswm pam, a beth oedd trosedd Cledwyn, os oedd un o gwbl. Yn ddiweddarach ymladdodd Cledwyn am y swydd allweddol o Gadeirydd y Blaid yn y Tŷ, gan guro Ian Mikardo, A.S., a bu Callaghan yn dibynnu cryn dipyn arno. Roedd Cledwyn yn gyfaill agos imi ac roeddwn yn siŵr ei fod wedi ei siomi. Fe ddyrchafodd Callaghan ef yn Gymrawd Anrhydedd (C.H.) fel arwydd o'i werthfawrogiad ymhen rhai blynyddoedd. Dyma ddywed yn ei hunangofiant (tud. 643):

> Never under-rate the subtlety of the Welsh mind, when Cledwyn Hughes... was working in partnership with Elwyn Jones, the Lord Chancellor, and John Morris, a Queen's Counsel, who was Secretary for Wales, it was a formidable combination for which I was grateful.

Arhosodd Jim a'i wraig Audrey yng Ngarthwen y noson honno. Roedd Wilson wedi galw yno hefyd yn 1974 pan fu'n annerch cyfarfodydd yn Hwlffordd, Caerfyrddin a Llandysul. Roedd digon o le i ysgrifenyddion i wneud eu gwaith, a lle i'r plismyn i gysgu yn y fflat oedd yno. Rhoddodd Margaret ginio iddynt y noson honno, a daeth Syr Goronwy Daniel, Prifathro Aberystwyth erbyn hynny, a'i wraig Valerie (wyres Lloyd George) a'm hen gyfaill Elystan Morgan a'i wraig Alwen yno hefyd. Roedd Goronwy wedi bod yn gweithio imi pan oeddwn yn Weinidog ifanc yn yr Adran Ynni. Cawsom ein cyfweliad cyntaf ar y testun 'Awyr lân' – polisi'r 'Clean Air' yn y Gymraeg. Roedd Elystan wedi bod yn is-Weinidog effeithiol iawn i Callaghan yn y Swyddfa Gartref, ac

41

roedd Callaghan â chryn dipyn o ffydd yn ei feddwl politicaidd clir, ac er bod peth gwaith wedi ei wneud yn barod yn ôl papurau'r P.R.O. (Public Record Office) yn yr Archifdy Cenedlaethol yn Kew, roedd perswâd Elystan ar Callaghan i sefydlu Comisiwn Brenhinol ar y cyfansoddiad yn bwysig dros ben. Ond addysg oedd y prif destun y noson honno, a rhoddodd Callaghan beth o gynnyrch y drafodaeth mewn araith bwysig yn Rhydychen ychydig ar ôl hyn. Yna trannoeth i Wersyll yr Urdd yn Llangrannog, a chael ein croesawu gan fy hen gyfaill Prys Edwards a'i briod. Roeddwn am gryfhau fy achos, a oedd yn cael ei wrthwynebu gan rai o'm swyddogion addysg a edrychai fwy tua Llundain na Chaerdydd i roddi cymorth ariannol i *Gymru'r Plant* a threfniant addysg ysgolion meithrin.

Mwynhaodd Jim ac Audrey yr ymweliad, a gwelodd y gwaith pwysig a wnaed yn y Gwersyll, yn enwedig y ddarpariaeth i'r plant di-Gymraeg. Pan ymwelodd Dr David Owen, A.S. fel is-Weinidog Iechyd â'r Eisteddfod Genedlaethol yng Nghaerdydd synnodd fy mod yn gallu symud arian o un adran i'r llall o fewn fy ngoruchwyliaeth.

Roedd Callaghan yn gawr o ddyn ac yn wleidydd o'i gorun i'w draed. Un o'i wendidau oedd bod yn eiddigeddus weithiau at y rhai ohonom a gafodd addysg brifysgol, yn enwedig Rhydychen a Chaergrawnt, ond roedd wedi brwydro drwy ei oes â Wilson, Crossman, Crossland,

Healey a Roy Jenkins, i gyd yn gynnyrch Oxbridge, a'r un ohonynt â fawr o swildod, i ddangos eu rhagoriaethau deallusol. Yn wir aeth Jim ar gwrs carlam mewn economeg yn Rhydychen pan oedd yn yr wrthblaid i baratoi i fod yn Ganghellor. Â'i gefndir teuluol yn y Llynges, nid oedd yn syndod iddo roddi blaenoriaeth i amddiffyn y Deyrnas bob amser.

Mewn cyfnod llawer diweddarach, a ninnau yn yr wrthblaid, ac yntau a minnau yn cael ein hymlid yn filain gan C.N.D. a rhai tebyg (rhoddwyd gwrthwynebydd o C.N.D. yn fy erbyn yn fy etholaeth yn y cyfarfod dewis ymgeisydd Llafur yn 1982), euthum i'w ystafell un noswaith pan oeddem ein dau yn teimlo'r gwres, ac yntau'n taranu yn erbyn ein gwrthwynebwyr, efallai yn rhy eofn, dywedais,

"Jim, your bell-bottoms [trowsus morwr] are showing."

Gwenodd ei faddeuant.

Er nad wyf yn credu ei fod yn gredwr cryf, parhaodd i roddi blaenoriaeth i'r mesurau Datganoli. Roeddent yn rhan hanfodol o'n rhaglen fel llywodraeth – Flagship Programme – a'r syndod imi yn awr gan fod blaenoriaethau y mwyafrif llethol o'n cyd-aelodau o'r Deyrnas yn dra gwahanol, na fu gwrthryfel yn erbyn y rhaglen.

Un noswaith yn ystod yr ymgyrch, (cyrhaeddais sir y Fflint un tro a dim ond dau yn bresennol mewn neuadd enfawr i ddweud y gwirionedd wrth y rhai oedd â diffyg brwdfrydedd o un pen i Gymru i'r llall, gan gynnwys y Blaid Lafur), cofiaf gyfarfod mawr yn Neuadd Brangwyn, Abertawe. Rwy'n credu fy mod i yn y gadair, a Callaghan a Len Murray, Ysgrifennydd Cyffredinol yr Undebau Llafur (y T.U.C.) yn annerch. Ar y ffordd o'r gwesty i'r neuadd ar noswaith hyfryd, gwisgodd ei got law.

"Dim angen cot heno," dywedais wrtho.

Ac atebodd, "Os bydd rhywun yn taflu wyau atoch, mae gennych siwt lân i fynd ar y llwyfan wedyn."

Un camgymeriad mawr a wnaeth, ac un bach hefyd. Ar ôl i bawb ddisgwyl y cyhoeddiad, ni alwodd etholiad yn yr hydref – roeddwn mor siŵr y byddai etholiad fe roddais wythnos o ymgyrchu yng ngogledd Cymru yn flaenllaw yn 1978 – a dilynwyd hyn gyda gaeaf yr anhapusrwydd, y Winter of Discontent, pan oedd yr undebau yn gwrthryfela yn erbyn polisi incwm y llywodraeth. Aeth pethau o ddrwg i waeth yng Nghymru – cyrff heb eu claddu yng Nghasnewydd, dim gwasanaeth tân, a rwbel wedi crynhoi o gwmpas un o ysbytai mwyaf Caerdydd. Ffoniais George Wright, Ysgrifennydd T.U.C. Cymru, a rhoddi dwy awr iddyn nhw ei glirio, er nad oedd gan undeb George unrhyw gyfrifoldeb, neu mi fyddwn yn galw ar y milwyr i'w glirio. Euthum ar y teledu brynhawn Sul i ddatgan fy mwriad. Cliriwyd y rwbel, ond gorfu i mi alw ar y milwyr i dynnu allan eu hen brigadau tân, y Green Goddesses.

Ar ôl y gaeaf caled, oedd yn llawn o ddigwyddiadau tebyg, roedd yr awyrgylch yn ddrwg iawn, pan gollwyd pleidlais o hyder yn Nhŷ'r Cyffredin, a Callaghan yn herio'r blaid genedlaethol yn yr Alban am eu bwriad o bleidleisio yn erbyn y llywodraeth – "Twrcïod yn pleidleisio dros y Nadolig." Roedd ei broffwydoliaeth yn gywir, a chollasant y rhan fwyaf o'u seddau. Chwarae teg, cadwyd teyrngarwch ein cenedlaetholwyr yng Nghymru.

Erbyn y bleidlais dyngedfennol deuthum ag un o leiaf yn ôl gennyf yn fy eroplên o Wynedd lle bûm mewn cyfarfod i drefnu cyflogaeth ar ôl diwedd gwaith trydanu. Gwn y gallwn ddibynnu ar y bleidlais.

Y diwedd trist i Callaghan oedd na enillodd etholiad fel Prif Weinidog.

Ei gamgymeriad arall oedd apwyntio Peter Jay, gŵr ei ferch Margaret, yn Llysgennad i'r Amerig. Dwn i ddim ai syniad David Owen, yr Ysgrifennydd Tramor, oedd hyn, ond roeddent yn ffrindiau. Bûm i'n gryf drwy f'oes i beidio â ffafrio cysylltiadau personol.

Roedd rhai yn ei alw yn Sunny Jim – roedd ei garedigrwydd yn cynorthwyo Margaret a minnau i chwilio am dŷ yn Blackheath yn fythgofiadwy – ond yn ôl ein cyfaill Merlyn Rees, A.S., ei Ysgrifennydd Cartref, nid oedd yr haul yn gwenu bob amser. Heblaw am yr oerni am fisoedd ar ôl imi ennill porthladd newydd Port Talbot, ni chefais i unrhyw brofiad diflas. Buom yn gyfeillion agos, a bob rhyw ddau neu dri bore Sul nes ei farwolaeth rhoddwn alwad ffôn iddo ar ei fferm yn Sussex.

Roedd yn mwynhau chwarae bod yn ffarmwr, ac er bod ei gyfaill D. J. Davies, Panteryrod, Aberaeron, Cadeirydd Plaid Lafur Sir Aberteifi ac un o arloeswyr Undeb Ffermwyr Cymru, yn ei gynghori o dro i dro ar ei bryniant o wartheg o Gymru, ei bartner 'busnes' a wnâi'r gwaith, a Jim yn bodio drwy gatalogau ar ba fath o wenith i godi!

Cafodd ginio pen-blwydd hapus iawn un tro yng Nghymru. Pwyllgor Gwaith ei etholaeth, ac eraill o'i gyfeillion yno, a minnau a Margaret. Gwnaeth araith fer ddiddorol, nad aeth yn agos i'r papurau.

"Mae'n werth i'r cyfoethog ac eraill sydd â'r adnoddau i dalu trethi uwch, oherwydd derbyniant y fantais o ddiogelwch y strydoedd, addysg i'w teuluoedd a'u gweithwyr ac amodau gwell yn gyffredinol."

Y neges bwysig oedd nad cyfraniad unochrog oedd. Gresyn na fuasai wedi datblygu'r neges. Gwnaeth gryn argraff arnaf.

Rhoddodd Caerdydd rhyddfraint y ddinas iddo ef ac i'w gyd-aelod George Thomas, A.S., y Llefarydd. Buont yn cydoesi am flynyddoedd fel Aelodau ers 1945. Roeddent yn gystadleuol yn aml – George â sedd fwy diogel yn cael cyhoeddusrwydd mawr yn ei frwydr lwyddiannus yn erbyn system y prydlesoedd a oedd yn gwestiwn llosg mewn sawl ardal, a Jim yn llefarydd tros y trefedigaethau yn yr wrthblaid, ac yn cael dim cyhoeddusrwydd ym mhapurau'r de.

Pan oedd y cricedwr Dexter yn ymgeisydd Torïaidd yn erbyn Jim, roedd y si ar led fod mwy o bobl dduon yn eistedd wrth fwrdd cinio'r Callaghans na rhai gwyn. Er hynny enillodd Jim bob tro, er fel Lloyd George, isel oedd ei fwyafrif yn aml.

Ar achlysur cinio'r Rhyddfraint daeth Dr Kissinger, cyn-Ysgrifennydd Gwladol yn yr Amerig, draw i'r cinio yn Neuadd y Ddinas i dalu teyrnged iddo. Tipyn o beth! Roedd cynifer o siaradwyr – roeddwn i, fel Ysgrifennydd Gwladol Cymru, yn isel iawn ar restr y siaradwyr. Rhyw fis wedyn rhoddodd y Blaid Lafur ginio hefyd i'r ddau, a chan na allwyd cael cytundeb lleol, gofynnwyd i fi gadeirio a chadw heddwch.

Credaf fod ei ddylanwad yn gryf ar y Prif Weinidog Wilson i'm galw i Rif 10 i'm hapwyntio yn Ysgrifennydd Cymru, yn hytrach na George Thomas, a oedd yn ôl ei lyfr ei hun yn disgwyl yn eiddgar. Ac yn wir aeth draw heb wahoddiad i gael gair â Mary Wilson yn Rhif 10 y noson gynt.

Gwyddai'r Prif Weinidog a Callaghan hefyd, os oedd datganoli i fod yn rhan bwysig o raglen ddeddfu'r llywodraeth, mai trychineb fyddai apwyntio George. Cafodd George y swydd o Ddirprwy Lefarydd Tŷ'r

Cyffredin yn lle hynny. "It all depends how the cookie crumbles," fel y dywedodd Wilson ynghynt. Ar y pryd, roedd Willie Ross, A.S. yn yr Alban, ei ddarpar Ysgrifennydd Gwladol, yn wrthwynebydd hefyd, ac amhosibl fyddai cael dau o'r Ysgrifenyddion Gwladol yn gwrthwynebu datganoli. Cafodd Ross droedigaeth rhwng dau etholiad 1974 ac arbedodd ei swydd am y tro.

Yn ei henaint yn Nhŷ'r Arglwyddi traddododd Callaghan araith fer ar un o fesurau Cymru:

> I have not always been over the moon about devolution, indeed I have been ambivalent... however I have come to the conclusion that it is very important... that the age of the small nation has arisen as a kind of backlash to what is happening globally. (Hansard H.L. 21.4.1998. Col. 1053)

Gyda'r cefndir yma mae'n syndod fod ein llywodraeth wedi cyrraedd pen y dalar. Gall y darllenydd ddeall ychydig am ddyfnder fy mhroblemau yng nghyfarfodydd y Cabinet a'i bwyllgorau.

Michael Foot

Dilynwyd Callaghan gan Michael Foot, A.S. a oedd yn hen gyfaill imi, er na fedrais bleidleisio iddo, ond yn hytrach i Denis Healey, A.S. – 'Y Prif Weinidog gorau na chawsom'.

Euthum i siarad ar ran Michael yn isetholiad Glyn Ebwy, ar ôl marwolaeth Aneurin Bevan, ar gais Ron Evans (wedyn Cadeirydd Pwyllgor Gwaith Eisteddfod Glyn Ebwy lle enillodd fy chwaer ifanc wobr am adrodd). Nid oedd Michael ar y rhestr fer wreiddiol, a gwrthododd pob A.S. arall o Gymru fynd yno i annerch, heblaw Callaghan a minnau.

Prin oedd ei gyfraniad yn y frwydr ar ddatganoli yn y cyfarfodydd hir o'r Cabinet llawn yn Chequers, ond pan ddaeth yn gadeirydd is-bwyllgor y Cabinet ar ddatganoli roedd yn feistrolgar ac yn effeithiol wrth barhau â gwaith y dirprwy arweinydd Ted Short A.S. Eisteddai'r is-bwyllgor ddwy waith yr wythnos a phob adran o'r llywodraeth yn dod gerbron â'u gwrthwynebiad i drosglwyddo pwynt ar ôl pwynt o'r cyfrifoldebau. Pawb â pheth credo mewn datganoli ond, dim 'in my back yard'. Dyna wendid mawr y mesur olaf ar Gymru (2016) – marciau bysedd pob adran arno yn gwrthwynebu pwyntiau a ddylsid eu trosglwyddo i'r Cynulliad. A dyna pam, yn ôl John Smith A.S., arweinydd ein plaid am rhy ychydig – 'Unfinished business' – a dyna yw'r sefyllfa o hyd.

Roedd Foot yn un o anwyliaid ein plaid ac yn gymeriad hoffus ac agos. Yn fy nhyb i, roedd yn ei amser yn un o'r dadleuwyr gorau yn y Tŷ, os nad y gorau. Yr unig un o'r ochr arall a ellid cymharu ag ef oedd Iain Macleod, A.S., y Tori a fu farw yn gynnar, ac a ddisgrifiodd gyllideb

Roy Jenkins yn dosbarthu anrhegion fel rhyw Santa Clos: "And you should not shoot a Santa Claus, even a one-legged one." Roedd disgrifiad Michael o Norman Tebbit, A.S. yn ddamniol: "A house trained pole-cat."

Roedd Michael yn dŵr cadarn wrth lywio'r mesurau datganoli drwy'r Tŷ, er mai John Smith, A.S., y Gweinidog Gwladol, a wnâi'r gwaith manwl. Roedd Michael yn ei gweld hi'n anodd bob amser i ddarllen rhyw baragraff pwysig oeddem am iddo gynnwys yn un o'i areithiau. Roedd hyn yn torri ar ei steil!

Gwneuthum i un camgymeriad mawr trwy gytuno i'w gais i gymeryd rhan mewn cyfarfod rhyngbleidiol yn Llandrindod yn ystod yr ymgyrch datganoli. Anodd oedd gwrthod, ond roedd fy ngwrthwynebwyr yn y blaid yn dannod dro ar ôl tro fy mod wedi cymeryd rhan efo pleidiau eraill. Yn fy etholaeth gwrthodais bob tro, ar ôl profiad annifyr pan oeddwn yn aelod ifanc, gais yr eglwysi i gymeryd rhan mewn cyfarfodydd â'r ymgeiswyr eraill. Roeddent hwy'n gallu addaw pob peth poblogaidd, – roeddwn i'n Weinidog neu'n ddarpar Weinidog, ac yn fuan i fod yn A.S. unwaith eto.

Trodd Michael allan i fod yn arweinydd anobeithiol. Tan hynny ni fu neb tebyg yn arwain plaid.

Yn 1982, a'r blaid mewn trybini mawr, bûm yn ddigon annoeth i siarad am ein sefyllfa a'n gobeithion yng nghyfarfod wythnosol y blaid. Dywedais fy marn fod pethau mor ddrwg fel na allai Foot, na'i ddirprwy, Denis Healey A.S., ennill etholiad. Neidiodd y wasg ar fy araith, a ches fy holi ar newyddion chwech y BBC. Doedd dim diddordeb yn y ffaith fy mod wedi cyfeirio at Healey hefyd – dim ond am Foot. Fe, a neb arall, oedd yr arweinydd. Dywedais yr un stori ar y newyddion yn hwyrach, a phechais yn anfaddeuol. Mae'n debyg fod gwraig Foot, Jill, yn gwrando gartref, ac ni wellodd y stori wrth ei hailadrodd.

Pan ddaeth etholiad Cabinet yr Wrthblaid y tro nesaf, ni chefais fy ailapwyntio fel Twrnai Cyffredinol yr Wrthblaid fel y bûm ers 1979. Roedd hyn yn siom fawr i mi. Yn fy lle apwyntiwyd un o'm dirprwyon, Peter Archer Q.C. A.S. Gofynnais i Michael am y rheswm, a gwasgodd rhyw fath o addewid wrthyf: "Efallai y cawn gyfle am ryw swydd arall yn y dyfodol."

Mewn blwyddyn roedd apwyntiadau eto, a'r tro hwn rhoddwyd y swydd i un arall o'm cyn-ddirprwyon, Arthur Davidson Q.C. A.S. Ysgrifennais at Foot i geisio eglurhad – a oedd wedi anghofio ei addewid? Atebodd gan roddi rhyw fath o ymddiheuriad, a dweud ei fod wedi "anghofio am fy modolaeth". Felly, mae bwlch yn y deunaw mlynedd y bûm yn Dwrnai Cyffredinol yr Wrthblaid o 1982 hyd at 1984.

Ar ôl deng mlynedd ar y Fainc Flaen, doedd dim gobaith imi chwarae rhan o werth yn Nhŷ'r Cyffredin – cyfnod du iawn – ond cefais fy apwyntio i'r ddirprwyaeth seneddol i Gyngor Ewrop yn Strasbourg, lle'r oedd digwydd bod lle gan fod fy nghymydog, Don Coleman A.S. Castell-nedd a oedd wedi ei apwyntio i le arall ar y Fainc Flaen.

Fel yr oeddwn i wedi rhag-weld, collasom yr etholiad yn 1983 yn ddifrifol, a'r maniffesto yng ngeiriau Gerald Kaufman A.S.: "The longest suicide note in history." Roedd ein polisïau, yn enwedig ar amddiffyn, yn rhacs ac yn denu neb, yn wir, yn cythruddo llawer tros y wlad. Ychydig ynghynt bûm yn canfasio mewn isetholiad yn Greenwich ac roedd y derbyniad yn oeraidd iawn. Rhywbeth tebyg oedd hi yn Ogwr, a synhwyrais fod hyd yn oed fy etholwyr i'n ceisio osgoi edrych i fyw fy llygaid pan oeddwn yn canfasio. Bu ymdrech i'm disodli ynghynt gan fy mod i'n amlwg efo George Robertson A.S. (wedyn Ysgrifennydd N.A.T.O.) yn y frwydr i gadw Llafur ar ei llwybr traddodiadol ar y polisi arfau.

Gofynnwyd imi fynd draw i siarad dros Callaghan yng nghalon ei etholaeth yn Butetown. Doedd fawr o ddynion gwyn yno, ond, yn hytrach, llond y lle o ddisgynyddion hen deuluoedd o forwyr ac ymfudwyr, ac yn awr yn rhan o'r sefydliad fel meiri, ysgolfeistri ac ynadon. Roedd teyrngarwch mawr i Callaghan, ond nid wyf yn ei feio am fod yn nerfus.

Dyna'r enghraifft ddyfnaf o'r cynnwrf a'r diflastod a greodd Michael yn ein plaid ar amddiffyn. Aeth fy mwyafrif i lawr i tua 17,000, yr unig dro iddo beidio hofran, ar ôl fy etholiad cyntaf, o gylch 20,000 a rhai miloedd mwy na hynny weithiau.

Neil Kinnock

Yr Arweinydd nesaf oedd fy nghyd-Aelod o dde Cymru, Neil Kinnock, A.S. Bedwellty. Roedd ef hefyd â'r ddawn i draethu yn huawdl. Y cyhuddiad yn ei erbyn oedd ei fod yn rhy ddawnus wrth drin geiriau, un yn byrlymu ar ôl y llall, fel y'i galwyd yn Welsh Windbag. Roedd hyn yn angharedig oherwydd gallai siarad yn effeithiol iawn.

Bu'n ddewr iawn yn ei ymdrech i ddod â'r blaid yn ôl i'r canoldir gwleidyddol, a'i dwyn allan o grafangau yr adain chwith, yn arbennig y *militants* a oedd yn gwenwyno rhan helaeth ohoni. Ei lwyddiant mawr oedd gwneud y blaid yn etholadwy a'i hachub o'r diffeithwch gwleidyddol. Dyna uchafbwynt ei lwyddiant.

Unodd y blaid, ond, er hynny, gwendid Kinnock oedd bod yn rhy frwdfrydig, ac roedd rali'r blaid yn Sheffield adeg etholiad yn anffodus ym mhob ystyr. Gwrthodais gais o Gaerdydd i minnau a'm cefnogwyr logi bws i fynd yno. Roeddwn yn falch wedyn. Nid enillodd Kinnock unrhyw bleidleisiau drwy sgrechian fel cefnogwr tîm ffwtbol. Roedd yn fy atgoffa o ffilm sydd ar gael am ei sgrechiadau yn erbyn datganoli yn un o gyfarfodydd

53

blynyddol y Blaid Lafur yng Nghymru. Gwnaed ffilm ramantus o Neil a'i briod Glenys yn cerdded efo'i gilydd yn llawn addewid am fyd newydd. Dwi ddim yn siŵr am hyn, ond y peth mwyaf tebyg yw bod y rheithgor allan o hyd am effeithiolrwydd y ffilm.

Ar ôl ei ethol bu'n garedig yn fy nghael yn ôl i'r Fainc Flaen fel Twrnai Cyffredinol yr Wrthblaid unwaith eto. Cynyddwyd cryn dipyn ar fy ngwaith. Os oedd problem yn codi yn y Cabinet wythnosol, gofynnwyd am fy marn ysgrifenedig fel cyfreithiwr. Dyna'r ffordd fel cadeirydd y deuai â dadl anodd i ben, am wythnos o leiaf.

Un o'r galwadau mwyaf dwl oedd am gyngor i dorri'r cytundeb rhyngom â Ffrainc i adeiladu'r twnnel dan y Sianel, a oedd wedi ei gychwyn. Roedd yn fy nghof y gofid gafodd Syr Elwyn Jones, Q.C. A.S. pan oedd yntau'n Dwrnai Cyffredinol i'r cynigiad i ganslo adeiladu awyren Concorde efo Ffrainc. Roedd cwestiwn tebyg braidd yn rhy drwm i arbenigwr yn y maes troseddol yn unig fel fi i'w ateb mewn wythnos!

Euthum i Gaergrawnt i gael cyfarwyddyd gan yr Athro Syr David Williams, yn enedigol o Gaerfyrddin. Roedd David yn gyd-efrydiwr â mi pan oedd y ddau ohonom yn paratoi am arholiadau'r Bar. Roedd yn arbenigwr ar gyfraith y cyfansoddiad, ac yn feistr yng Ngholeg Wolfson. Awgrymodd i mi fynd draw i Goleg Magdalene i gwrdd ag arbenigwr mewn cyfraith ryngwladol, Christopher

Greenwood. Ar y ffordd galwais ar Mickey Dias, hefyd yn Gymrawd yn ei henaint yn Magdalene. Addysgodd Gyfraith Ryngwladol imi yn Aberystwyth.

Cefais y cyngor yr oeddwn yn ei ddisgwyl gan Greenwood yn ddi-gost – "Byddai'r pris o ganslo yn enfawr" – ac arbedais Cabinet yr Wrthblaid rhag gwneud ffyliaid ohonyn nhw'u hunain.

Cefais y cyfle o dalu'r pwyth yn ôl i Greenwood pan oedd angen Junior arnaf fel Twrnai Cyffredinol i ymddangos yn y Llys Rhyngwladol adeg rhyfel Kosovo. Bu Syr Christopher wedyn yn un o'r Barnwyr yn yr un llys, a dywedodd wrthyf yn ddiweddar mai achos Kosovo oedd ei achos mawr cyntaf. Tafla dy fara...

Un o'r cymwysterau pwysicaf fel gwleidydd yw gwybod p'un allwedd i'w throi.

Collodd Kinnock yr etholiad yn 1992 ac ymddiswyddodd drannoeth yn fyrbwyll. Roeddwn wedi gadael nodyn ar ei ddesg yn gynnar yn y bore yn ei annog i fod yn bwyllog, ond roeddwn yn rhy ddiweddar. Cymeriad, a gallu mawr! Mae'n haeddu clod am ddofi'r eithafwyr yn y Blaid Lafur, a chredaf y gallai fod wedi tyfu yn arweinydd da.

Dwn i ddim beth yw ei safle ar ddatganoli heddiw. Gwnaeth ei waethaf ar y pryd. Mab Neil, Stephen, yw fy olynydd ond un yn Aberafan, a bu'n arbennig o ddiwyd yn ymladd tros y diwydiant dur ym Mhort Talbot.

John Smith

Bargyfreithiwr galluog, oedd yn Q.C. yn yr Alban, oedd Smith. Tybiaf, gan ei fod yn rhoddi blaenoriaeth i'w ddyletswyddau yn Westminster, mai dim ond yn y gwyliau y gallai ddilyn ei alwedigaeth yn yr Alban. Roedd yn gymeriad hollol wahanol i Kinnock. Roedd golwg gyfforddus arno, fel rhyw reolwr banc y gallech ymddiried ynddo. Yn wahanol i Foot a Kinnock deuai o ganoldir ein plaid yn athronyddol. Cefais fy ailapwyntio yn Dwrnai Cyffredinol yr Wrthblaid, a heblaw'r bwlch llenwais y swydd am ddeunaw mlynedd, oherwydd ein methiant i ennill etholiad.

Roedd Smith yn Ewropead mawr, ac ymysg rhyw drigain yn y blaid a bleidleisiodd tros Gytundeb Maastricht gyda'r Torïaid, ac roedd yn argyhoeddedig i'r eithaf o'r pwysigrwydd o fod yn aelod o'r Farchnad Gyffredin. Ni chefais fawr o berthynas ag ef, a daeth y ceisiadau wythnosol am gyngor oddi wrth Gabinet yr Wrthblaid i ben.

Fy mhrif atgof ohono oedd ei ymyrraeth ar fy mwriad i annerch cyfarfod yn Llanelli ar y Farchnad Gyffredin. Heriais yr angen am gael comisiwn â chymaint o bwerau ym Mrwsel. Tybed a ellid gwneud gwaith digonol gan gynrychiolwyr arbennig o bob gwlad, ac adenydd y comisiwn yn cael eu clipio cryn dipyn? Nid oedd yr araith yn un bwysig ond roeddwn yn codi amheuon ar y sefydliad presennol, ac yn y cyswllt hwn roedd Smith ar y blaen yn ei gefnogaeth, beth bynnag a wnaent. Dyna wendid y cyfansoddiad Ewropeaidd – canoli pwerau i'r sefydliad ym Mrwsel. Dyna yn wir eu breuddwyd o greu gwladwriaeth ganolog – 'ever closer union' – ers Datganiad Schuman ym Mai 1950 nad oeddem yn aelod ohono, ac ailadrodd yr un bwriad yng Nghytundeb Maastricht.

Daeth caniad oddi wrth Smith, a oedd yn ei gar ar y ffordd i Heathrow, yn ceisio fy mherswadio i beidio gwneud yr araith. Roedd yn daer iawn. Eglurais fod crynodeb o'r araith wedi mynd i'r wasg eisoes, fel yr arferwn. Roedd ei ymyrraeth yn rhy ddiweddar, ac roeddwn innau hefyd yn fy nghar ar y ffordd i Lanelli. Gwnes yr araith, ac ni fu daeargryn! Efallai, ar ôl darllen hunangofiant newydd y cyn-Weinidog Torïaidd, Kenneth Clark, Q.C., A.S. yn ddiweddar, fod fy ymyrraeth yn rhy agos i galon trafodaethau ar y pryd, er na wyddwn hynny. Ni siaradodd Smith byth wedyn â mi. Dyna'n sgwrs olaf.

Ar y llaw arall rhaid imi gydnabod gwaith trylwyr Smith yn ei lwyddiant i berswadio'r Tŷ i dderbyn y mesurau datganoli. Ar ôl y gwaith enfawr o baratoi'r mesurau sylweddolwyd fod tasgau wythnosol Ysgrifennydd yr Alban a minnau yn rhy drwm inni'n dau wneud fawr o gyfraniad yn y Tŷ ar ôl cyflwyno'r ail ddarlleniad yn cychwyn y mesurau. Felly daethpwyd â Smith i mewn fel Gweinidog Gwladol ac roedd yn feistrolgar, er yn cydnabod yn foneddigaidd bob gwrthwynebiad.

Ar ôl colli'r Refferendwm ar Ddatganoli tystiodd fod datganoli yn 'unfinished business'. Roedd yn wir ddatganolwr.

Roedd ei farwolaeth gynnar yn golled enfawr i'r blaid. Y cwestiwn a ofynnir yn aml, a fyddai wedi ennill yr etholiad yn 1997 petai ef yn arweinydd yn hytrach na Tony Blair?

Y farn gyffredinol, ac yr wyf yn cytuno, yw y byddai wedi ennill, ond heb y mwyafrif llethol ac ysgubol a gafodd Blair. Roedd amser Llafur o'r diwedd wedi dod â'r llif drostom yn ddi-droi'n ôl.

Tony Blair

Ar ôl ei fuddugoliaeth ysgubol yn 1997, un o'r nosweithiau hapusaf imi ym Mhort Talbot oedd gwrando ar y cedyrn yn y blaid Dorïaidd yn cwympo. Euthum yn ôl i Lundain i ddisgwyl galwad i fod yn Weinidog yn ôl ei addewid. Bu tawelwch mawr tros benwythnos Gŵyl y Banc. Tybed nad oeddwn i gael swydd y Twrnai ar ôl deunaw mlynedd o ddisgwyl?

Clywais wedyn fod fy narpar brif swyddogion yn disgwyl yn siamberi'r Twrnai yn Buckingham Gate tros holl Ŵyl y Banc, a dim yn digwydd. O'r diwedd daeth yr alwad, a chefais air byr ar y ffôn efo Blair, ond dim eglurhad am yr oedi, na chyfarwyddyd o'i anghenion.

Y rheswm a rowd wedyn oedd fod Charlie Falconer Q.C., fy narpar ddirprwy fel Cyfreithiwr Cyffredinol, ac a fu'n rhannu fflat efo Blair, wedi mynd i ffwrdd am y penwythnos a heb roddi'r rhif ffôn cywir i Blair. Anodd credu'r stori! Tybed a oedd addewid arall wedi ei roddi? Yr unig obaith oedd gennyf oedd y sicrwydd a gefais ar y ffôn oddi wrth Nick Brown A.S., y prif chwip, fy mod 'ar y rhestr'. Roeddwn wedi cydweithio efo Nick flynyddoedd ynghynt ac yn gyfaill iddo. Wrth edrych yn ôl, gymaint o wirionedd oedd yng ngeiriau Shakespeare, 'Peidiwch rhoi ffydd mewn tywysogion.'

Efallai fod yr hanes yn dadlennu'r pellter, os nad yr oerni, a fu rhwng Blair a minnau drwy'm cyfnod fel Twrnai Cyffredinol. Ynghynt, a ninnau yn yr wrthblaid, ac ar ôl cwestiynau yn y Tŷ, daeth Nick Brown ataf am air oherwydd yr oedd wedi cael rhestr o'r rhai y bwriadwyd eu hanfon i Dŷ'r Arglwyddi oddi wrth swyddfa Blair.

Pan gyrhaeddais tua 65 oed, roedd y syniad o ymddeol o'r Tŷ wedi croesi fy meddwl. Roeddwn wedi crybwyll hyn yn gyfrinachol i'm cynrychiolydd yn Aberafan. Gofynnais ar y pryd am gyfarfod efo Blair i gael sicrwydd, un ffordd neu'r llall, am y swydd. Mewn sgwrs ysgafn ond difrifol, dywedais yr hoffwn gael sicrwydd, os na wneuthum rhywbeth trychinebus fel treisio'r teipydd. Chwarddodd a dyfynnu stori Mark Twain am y trychineb petai'n cael ei ddal yn y gwely efo bechgyn bach!

Roeddwn yn hapus â'r addewid ar y pryd. Ar ôl newydd Nick Brown euthum adref i gael gafael ar yr ohebiaeth a hawlio eglurhad oddi wrth Blair. Dyna pryd y seliwyd y cytundeb. Felly synnwn i ddim fod yr oedi i'm galw yn ymwneud ag ailystyried y cytundeb.

Heblaw'r sgwrs fer ar y ffôn gyda Blair ar fy apwyntiad, a'm presenoldeb yn y Cabinet Rhyfel adeg Kosovo, nid y Cabinet llawn, dim ond un cyfweliad gefais ag ef yn y ddwy flynedd a mwy pryd y bûm yn Dwrnai Cyffredinol, a hynny mewn cyd-gyfarfod â'r Ysgrifennydd Cartref, Jack Straw A.S. ar garcharorion a throseddu, pan ddywedais mai'r broblem fwyaf oedd aildroseddu. Roedd yn amlwg nad oedd ganddo unrhyw ddiddordeb yn fy nghyfraniad.

Fy mhroblem fawr i oedd y rhyfel yn Kosovo ac af drwy'r stori pan y byddaf yn trafod fy nghyfnod fel Twrnai.

Heblaw hynny, ni fu fawr o gyfathrach rhyngof i a Blair.

Roeddwn yn wir ddiolchgar wedyn adeg Irac nad oeddwn yn Dwrnai Cyffredinol. Mae Adroddiad Chilcott wedi manylu, dros y blynyddoedd, ar y rhyfel yn Irac. Nid yw Blair yn ymddangos yn dda o'r adroddiad. Bûm yn gwasgu yn gyhoeddus am iddynt ddod i ben â'r trafodaethau, cyn bod cof bron pawb ond y teuluoedd a gollodd 189 o berthnasau yn pylu.

Gwendid pwyllgor Chilcott oedd nad oedd cyfreithiwr arno i groesholi'r tystion. Bûm draw un tro i wrando, a gwan oedd y croesholi.

Yn fy marn i, cyn mynd i ryfel ar gynffon yr Arlywydd George W. Bush, dylsid fod un ymdrech arall wedi ei wneud yn y Cyngor Diogelwch i gael cefnogaeth ryngwladol a rhoi amser i Saddam Hussein ildio. Rwy'n sylweddoli, wrth gwrs, fod y Ffrancod yn gwrthwynebu ar y pryd, ond dyna waith dadlau mewn corff rhyngwladol wedi'r cyfan, ceisio cael perswâd ar eraill, oherwydd y Cenhedloedd Unedig yw'r unig awdurdod cyfreithiol, heblaw ar sail hunanamddiffyniad, i fynd i ryfel.

Ofnaf na all Blair gael ei farnu gan hanes yn gywir nes bydd cwmwl Irac wedi ei wasgaru.

Y gwir amdani yw fod Blair wedi ei swyno gan Bush. Beth oedd y gwir benderfyniad a'r addewidion yn Camp David, cartref Bush, nid wyf yn gwybod o hyd.

Roedd y demtasiwn i ymyrryd yn rhyfelgar mewn gwledydd eraill yn arwyddocaol o'r cyfnod, â fawr o baratoi am y cyfnod ar ôl yr ymladd. Yr un oedd yr hanes, o dan lywodraeth Cameron wedyn, yn ymyrraeth Ffrainc, a ninnau a'r Unol Daleithiau yn eu dilyn, yn Libya, gan adael gwladwriaeth wedi methu – 'a failed state' – fel etifeddiaeth.

Gobeithiaf fod gwersi wedi eu dysgu o'r ysfa i ymyrryd mewn problemau gwledydd eraill, pan mae'r dystiolaeth am berygl i'n gwlad ein hunain mor sigledig, os nad heb fawr o sail o gwbl, a gymaint o gelwydd yn aml.

Yn amlwg imi nid oedd gweledigaeth Blair mewn materion rhyngwladol yn un hapus. Gadawodd etifeddiaeth dlawd. Beth am ei gryfderau? Gwnaeth ef hefyd y Blaid Lafur yn etholadwy gan ddilyn gwaith arloesol Kinnock, ac yna John Smith. Roedd ei fwyafrif yn 1997 yn aruthrol, a'i gyfle i wella amodau pobl yn gyffredinol yn sicr. Gwnawd gymaint i gryfhau'r Wladwriaeth Les, iechyd, addysg a chyflogaeth, ac yn arbennig codi lleiafswm cyflog yr awr.

Dewisodd Weinidogion cryf yn Gordon Brown fel Canghellor y Trysorlys, a'r Arglwydd Derry Irvine fel Arglwydd Ganghellor a lywyddodd gymaint o is-bwyllgorau'r Cabinet ar iawnderau, a rhyddid gwybodaeth a datganoli ac eraill. Gadawodd yr economi yn gryf. Anodd credu'r adroddiadau am yr anghytundebau rhwng Rhif 10 a Rhif 11, cartref y Canghellor. Yn fy marn i, bai Gordon Brown oedd hyn, ac roedd y berthynas yn sicr yn ei gwneud hi'n anodd i'r llywodraeth weithredu mor rhwydd ag y dylsai. Yn amlwg roedd gormod o dywod yn olew'r peiriant.

Ond yn fy marn i, y bluen orau a pharhaol yng nghap Blair oedd Cytundeb y Pasg yng Ngogledd Iwerddon. Roedd y gwaith wedi ei gychwyn gan ei ragflaenydd (Syr) John Major. Roedd cymylau anobeithiol wedi hofran uwchben y gymuned ranedig o 1968 ymlaen, a fawr o obaith am oleuni, a deuai fy nghof fel A.S. ifanc am yr anobaith yn Sbaen a'r Almaen yn y chwedegau yn ôl imi pan euthum i'r ddwy wlad. Rhoddodd Blair a'i gynorthwywyr, yn enwedig Jonathan Powell, pennaeth ei swyddfa, ran helaeth o'u hamser i ddwyn heddwch i'r chwe sir gyda chydweithio annisgwyl a rhyfedd Paisley a McGuinness.

Ac ystyried faint o broblemau eraill oedd gan unrhyw Brif Weinidog, wrth edrych yn ôl, nid yw'n rhwydd bob amser i gyfiawnhau'r amser a roddodd i Ogledd Iwerddon. Fe wnaeth hyn gyda chymorth nifer o Ysgrifenyddion Gwladol ymroddedig, o'r radd flaenaf. Y cyfiawnhad gorau yw'r llwyddiant a gafodd.

Dyma yn fy marn i yw uchafbwynt llwyddiant Blair fel Prif Weinidog, ac er bod ymgyrch Irac yn hanfodol bwysig yn y feirniadaeth ohono, hyderaf nad anghofir ei lwyddiant bron ar ei ddrws ffrynt.

Gordon Brown

Ni chyfarfum ag ef o gwbl pan oeddwn yn Dwrnai Cyffredinol ac yntau'n Ganghellor y Trysorlys. Yn ôl yr hanes roedd Blair ac ef wedi dod i ryw fath o gytundeb mai Blair oedd i sefyll am yr arweinyddiaeth ac felly, os enillid yr etholiad, yn Brif Weinidog. Dadleuol oedd y bwriadau am y cyfnod ar ôl hyn.

Ysgrifennwyd cryn dipyn am y wasgfa o Rif 11 Downing Street i symud i Rif 10. Mae'n amlwg fod Brown bron â thorri ei galon am symud tŷ a swydd, a Blair am oedi.

Cefais i'n unig, heb Margaret, wahoddiad i barti i ddathlu ei briodas. Roedd hyn braidd yn od. Methais fynd yno gan y gorfu i mi fynd ar y trên i Fangor i amddiffyn polisi'r llywodraeth ar y BBC am bris petrol i drafnidiaeth. Ymddiheurais.

Yr unig dro imi ei gyfarfod oedd pan oedd yn brif westai yng nghinio hanner dydd Cymdeithas Cyfeillion Israel. Daeth heibio imi a'm cyfarch ac yna mynd yn gyflym i ffwrdd i siarad â rhywun pwysicach. Nid annhebyg i'r *brush-by* a gafodd mewn cegin yn Washington gan yr Arlywydd Obama – yr enghraifft fyrraf yn hanes y 'berthynas arbennig' yr honnir amdani rhwng yr Unol Daleithiau a Phrydain Fawr.

Efallai fod hyn yn rhoddi rhyw gyfeiriad at ei ddiffygion personol. Difaterwch? Neu wendid mwy, ac un mawr mewn gwleidydd – oerni at gyd-weithwyr neu at rywun arall, pan y dylsid manteisio ar gyfle i gryfhau perthynas?

Roedd yn llwyddiannus fel Canghellor yn sicrhau adnoddau i wella amodau. Collodd dipyn o dir pan gododd bensiwn hen bobl o ychydig geiniogau. Gwell pe bai wedi gwrthod unrhyw godiad.

Yn swyddog gyda'r Gatrawd Gymreig yn yr Almaen (1953)

Plant Abernant gyda'u rhieni, Olwen ac Evan Lewis

Yng Ngarthwen gyda Margaret a Jim Callaghan, y Prif Weinidog newydd, ar y ffordd i wersyll Llangrannog (Pasg 1966)

Aelodau Seneddol
Cymru gyda'r
Llefarydd Selwyn
Lloyd, Q. C. (1964)

Agor ysgol newydd
Penllwyn

Gyda Callaghan, ar
y ffordd lawr i Bwll
Cynheidre
(Pasg, 1966)

Yn annerch
Cynhadledd
y Blaid
Lafur gyda
Callaghan,
Alec Jones A. S.
ac Ioan Evans
A. S.
(tua 1966)

Ym Mhort
Talbot gyda
Dai Davies
(Cadeirydd
Bwrdd
Datblygu
Cymru) a
swyddogion
lleol yr
Undebau
Llafur

Gydag
arweinydd
newydd y
Blaid Lafur,
Harold Wilson,
ar y trên, pan
drafodwyd
enw'r
Ysgrifennydd
Cymru cyntaf
(tua 1965)

Aelodau Llafur Ty'r Arglwyddi (tua 2014)

Ar ymweliad â
swyddfa Undeb
Amaethwyr
Cymru, Dolgellau
(tua 2014)

Cyn-Ysgrifenyddion
Cymru a Stephen
Crabb, A. S.

Fel Cadeirydd yr
Ymddiriedolwyr
yn croesawu'r
Tywysog Charles
a'i wraig i
ddadorchuddio
cerflun David
Lloyd George yn
Sgwâr y Senedd
(Hydref 2007)

Annerch ar yr un
adeg yn Sgwâr y
Senedd

Cael fy nghyflwyno i
Dŷ'r Arglwyddi gan yr
Arglwyddi Prys-Davies
a Merlyn-Rees (2001)

Yn siamberi'r Twrnai
Cyffredinol a lluniau
rhai o'm rhagflaenwyr
y tu ôl i mi (1997)

Ar y ffordd i Lys y Prif Farnwr i dyngu llw a chymryd fy lle yn y llys

Fy arfbais, gan gynnwys tarw du Cymreig fel y'i magwyd gan fy nghyndeidiau, llyfrau fel teyrnged i Margaret, a thri chleddyf cyfiawnder yn dynodi fy mod yn sidanwr (Q. C.), Cofiadur y Llys a Thwrnai Cyffredinol

Mae'n amlwg imi nad oedd ganddo'r cymwysterau i fod yn Brif Weinidog. Gymaint o baratoi, gymaint o ddisgwyl, ac yna methiant. Clodd y cwbl drwy fethu galw'r etholiad pan y gallai fod wedi ennill, ond nid ef oedd yr unig Brif Weinidog i fethu amseru etholiad cyffredinol.

Siaradodd gymaint am ei etifeddiaeth o 'gwmpawd moesol' ei dad, a oedd yn weinidog Presbyteraidd yn yr Alban. Doeddwn i byth yn siŵr beth oedd ffrwyth y moesoldeb hwn. Yn aml, y mwyaf y soniwch am eich moesoldeb, y lleiaf yw'r effaith a gewch.

Collodd dipyn o farciau yn ymgyrch ei etholiad drwy siarad braidd yn ddirmygus â hen wraig oedd yn ei gwestiynu pan yn anffodus roedd y meicroffon ymlaen, ond gwnawd gormod o hyn.

Mae'r cyfan yn tynnu llun o ddyn â gallu mawr, gyda chryn dipyn o lwyddiant, ond heb y sgiliau personol i ddod yn agos atoch chi na'i wlad.

Ed Miliband

Perygl hen ddynion yw edrych yn ôl ar oes aur pan y tybiant fod cymaint o gewri o gymharu â chorachod y presennol. *Pygmies*, fel y dywedai fy nghynrychiolydd yn Aberafan yn aml.

Ni bu unrhyw berthynas rhyngof a Miliband, ond roedd ei frwydr yn curo ei frawd yn oeri fy nghalon ato.

Ni chafodd gefnogaeth gan fwyafrif yr Aelodau Seneddol, a nhw yw'r rhai gorau i farnu.

Newidiodd y rheolau i ethol arweinydd – un person, un bleidlais – ac rydym yn goddef o'r newid hwn, oedd yn ddeniadol ar y pryd.

Crewyd awyrgylch y byddai, os nad enillai'r etholiad, yn ceisio clymblaid â'r Blaid Genedlaethol (yr S.N.P.) yn yr Alban. Credaf fod hyn wedi creu peth lleihad i gefnogaeth ein plaid. Amhosibl ei fesur, ond roedd yno.

Jeremy Corbyn

Yn y gorffennol roedd traddodiad cryf yn arweinyddiaeth y Blaid Lafur o basiffistiaeth. Roedd fy rhagflaenydd ond un, fel aelod Aberafan, Ramsay MacDonald, wedi bod yn ymwrthodwr cydwybodol yn y Rhyfel Cyntaf, ac roedd George Lansbury yn heddychwr i'r carn. Ond daeth ei yrfa fel arweinydd i ben yn y ddadl yng nghynhadledd y blaid yn 1935, pan gyhuddodd Ernest Bevin, ysgrifennydd y gweithwyr trafnidiaeth, Lansbury o "hawking his conscience around from body to body", pan oedd y byd o'i amgylch ar dân oherwydd gweithredoedd Mussolini a Hitler.

Pan ffurfiwyd llywodraeth y glymblaid yn 1940 dan Winston Churchill, penderfynodd cynhadledd y blaid ymuno â'r llywodraeth, ac Attlee yn ddirprwy Brif Weinidog. Ychydig yn ôl yr oedd drama ddiddorol ar un o lwyfannau Llundain, *Three Days in May*, yn ceisio ail-greu'r drafodaeth rhwng Churchill, Halifax, Chamberlain dros y Torïaid, gydag Attlee ac Arthur Greenwood tros y Blaid Lafur ym Mai 1940 pan drafodwyd y cynnig i roddi rhannau o'r trefedigaethau i Hitler i'w gadw yn dawel am y tro – 'Danegeld', yn amser y Llychlynwyr – dywedodd Greenwood yn ei acen swydd Efrog, y gallai ei chryfhau pan fo angen: "The people won't 'ave it".

Byth er hynny, polisi'r Blaid Lafur oedd sicrhau amddiffyniad y wlad, ac ar ddylanwad Ernest Bevin, yr Ysgrifennydd Tramor, yn arbennig, creu cytundeb rhwng gwledydd Gorllewin Ewrop i uno dan faner N.A.T.O. mewn partneriaeth â'r Unol Daleithiau i amddiffyn Ewrop.

Etholwyd Corbyn yn arweinydd dan y rheolau newydd. Ymunodd miloedd â'r blaid gyda'r bwriad o greu mwyafrif i'w gefnogi. Llwyddwyd ddwy waith, a'r blaid erbyn hyn â'r aelodaeth fwyaf o bleidiau'r chwith yn Ewrop.

Ni fûm ag unrhyw gyfathrach â Corbyn yn y cyfnod roeddem yn cydoesi yn y Tŷ. Fy nghof amdano oedd iddo eistedd ymhell o bob aelod arall ar y sedd gefn, wedi gwisgo mewn cot frown, ac yn gwrthwynebu cynnig ar ôl cynnig o bolisïau'r Fainc Flaen, a phleidleisio yn eu herbyn. Roedd yn wir unigolyn yn ei agwedd, ei syniadau ac yn arbennig yn ei gyfraniadau yn y Tŷ.

Pleidleisiodd rhwng 400 a 500 o weithiau yn erbyn ein

plaid, ac amhosibl cysoni'r galw am deyrngarwch yn awr pan fo record debyg gan arweinydd.

Roedd mwyafrif llethol ei gyd-aelodau yn Nhŷ'r Cyffredin yn gwrthod ei gefnogi, ac nid oedd pethau'n edrych yn dda ar gychwyn yr etholiad, a ddaeth arnom yn sydyn ar ôl i'r Prif Weinidog fod ar daith gerdded am rai dyddiau yn Eryri, a phrynu mân bethau yn Nolgellau, yn hollol groes iddi daeru sawl gwaith nad oedd yn bwriadu galw am etholiad. Gobeithiaf na fu i awyr Eryri gael gormod o effaith arni, a phan ysgrifennir hanes ein cyfnod cawn wybod faint o ymgynghori fu rhyngddi a'i chyd-Weinidogion.

Yn groes i ddisgwyliadau llawer ohonom, ac yn wahanol i ymgyrch fetalaidd ac oeraidd y Prif Weinidog, ymladdodd Corbyn ymgyrch lwyddiannus tros ben. Denodd y lluoedd i'w gyfarfodydd, llawer yn yr awyr agored mewn ardaloedd a oedd yn falch o wrando ar ei neges.

Daeth drosodd yn ddyn agos i'r bobl. Torrodd ar arferiad ei ragflaenwyr mewn mwy nag un blaid o gynnal cyfarfodydd caeedig. Roedd gwres yn ei bregethau, ac yn amlwg roedd yn troi'r allwedd ar y blinder am doriadau ariannol y llywodraeth a'r llymder a deimlwyd gan y sefydliad yn Whitehall oedd yn angenrheidiol fel cynseiliau i'w polisïau ariannol. Yn groes i hyn, digon yw digon oedd y teimlad yn yr etholiad. Ar ben hyn gwnaeth addewidion rif y gwlith – i'r myfyrwyr a'r henoed yn arbennig. Syndod i mi oedd fod y Prif Weinidog wedi peryglu pleidlais yr hen – y *grey vote*. Yn amlwg imi roedd Corbyn wedi cryfhau ei apêl yn ddirfawr yn ystod yr ymgyrch – tra gwahanol i Michael Foot, ac yn wir, yn syndod imi. Yn anffodus roedd dau wendid yn yr ymgyrch. Nid oedd y symiau ariannol fel cynseiliau'r polisïau yn gwneud synnwyr. I'w cyflawni byddai angen ymestyn eto ein cyfnod fel gwlad o fod mewn dyled, neu godi trethi i lefelau llawer yn uwch.

Yn ail, yr argraff yr wyf fi'n ei chael yw nad yw wedi newid yn bersonol ar ei Bolisi Amddiffyn, er y gadewid i Nia Griffith, A.S. dewr Llanelli, yngan geiriau polisïau'r blaid, er ei fod yn amlwg nad yw Corbyn ei hunan yn cyd-fynd â'r polisïau. Cymylir ei weledigaeth wrth gofio am ei gefnogaeth i amryw o ymgyrchoedd gwrthryfela mewn gwahanol rannau o'r byd. Y ddau gwestiwn mawr: a ydy'r gallu ganddo i uno'r blaid, a gymaint oedd ar y blaen ar y seddau cefn? A'r cwestiwn arall, a oes deunydd Prif Weinidog ynddo? Amser a ddengys. Ond digon tywyll yw'r rhagolygon yn awr.

PENNOD 3

Gweinidog y Goron

AR ÔL BOD ar y Fainc Flaen o tua 1962 yn llefaru tros yr wrthblaid ar faterion y fyddin, y diwydiant dur, ac amaethyddiaeth, fe'm dyrchafwyd ar ôl etholiad 1964, a minnau yn 33 oed, i fod yn is-Weinidog yn yr Adran Ynni. Goruchwyliais, dan fy Ngweinidog, ysgrifennu Papur Gwyn y Llywodraeth ar wladoli'r diwydiant dur. Dysgais broblemau'r diwydiant yn gyflym.

Yna, yn sydyn, ar ddiwrnod dathlu ein priodas, 10 Ionawr 1966, fe'm symudwyd i weithio i'r Gweinidog Trafnidiaeth, Barbara Castle. Dysgais fwy oddi wrthi hi sut i weithredu fel Gweinidog nag unrhyw un arall. Roedd yn deyrngar tu hwnt ac yn parchu a defnyddio adnoddau pawb a weithiai oddi tani. Fy nghyfrifoldeb oedd y rheilffyrdd, a chefais y cyfle o gadeirio croes-bwyllgor o fwrdd y rheilffyrdd, y Gwasanaeth Sifil a dynion busnes profiadol, fel cyn-gadeirydd cwmni Shell. Derbyniwyd ein hadroddiad gan y llywodraeth a bu'n un o seiliau Deddf

Trafnidiaeth 1968. Roedd yn brofiad mawr i ddyn ifanc. Roedd Wilson am fy nyrchafu yn Gadeirydd y Bwrdd Rheilffyrdd, ond gwrthododd Castle, heb imi wybod. Pan oedd rali fawr y blaid yn Aberystwyth euthum â Barbara Castle ar drip ar y trên bach i Bontarfynach a dangos iddi fy mro enedigol, a phwyntio at y man, rhwng gorsaf Nantyronnen ac Aberffrwd, lle y stopiai'r trên bach weithiau ac y byddai Mam yn disgyn ar ôl siopa yn Aberystwyth. Roedd y gyrrwr a'i frawd yn aelodau o'n capel yn Aberffrwd, a'u tad yn ben flaenor. Dim syndod fod y dreifar yn arafu'r trên i Mam ddod oddi arno!

Yn y cyfnod hwn, roeddwn mewn dwy adran allweddol i wneud gymaint ag y gallwn i sicrhau harbwr newydd i Bort Talbot, er mai penderfyniad y Gweinidog Trafnidiaeth ar y pryd, Tom Fraser oedd, a'r Cabinet cyfan yn cytuno ag ef yn groes i ddymuniadau rhai o'm cyd-aelodau o dde Cymru. Ceisiais gwrdd yn llwyddiannus â rhai o'r gwrthwynebiadau, fel y trethi lleol a pherchnogaeth y traethau oedd yn rhan o stad y Goron, rhywbeth a ddaeth i'r golwg ar ôl y penderfyniad. Ar ôl dwy flynedd cefais fy nyrchafu yn Weinidog Gwladol yn yr Adran Amddiffyn. Roedd Mam yn gofidio mai dim ond am ddwy flynedd y llenwais bob swydd. (Ar fore Llun, un Pasg, aeth Margaret gyda mi i ddewis lleoliad y D.V.L.A. yn Nhreforys, ac addewid cyflogaeth i 4,000 o bobl). Ac yna colli'r etholiad yn 1970 ac yn ôl i'r Bar a chymeryd sidan braidd yn gynnar o ystyried fy mhrofiad a'm habsenoldeb o'r Bar fel Gweinidog.

Un fantais o fod yn is-Weinidog mewn tair o fân swyddi oedd y profiad o wybod pa ddrws i agor ym mheirianwaith Whitehall. Roedd hyn yn allweddol pan ddeuthum yn annisgwyl yn Ysgrifennydd Cymru yn 1974.

Y camau pwysicaf yn hanes datganoli llywodraeth i Gymru oedd apwyntiad Jim Griffiths, A.S. Llanelli, a dirprwy arweinydd y Blaid a'm cyfaill drwy'm hoes, (Arglwydd) Gwilym Prys Davies, i ysgrifennu papur ar gyngor etholedig i Gymru yn 1953 a gyhoeddwyd gan Undeb Cymru Fydd. Cyn hynny doedd dim ar bapur o flaen y Blaid Lafur.

Y cam pwysig arall oedd i Aneurin Bevan dynnu'n ôl ei wrthwynebiad i greu swydd Ysgrifennydd i Gymru yn y Cabinet, fel yn yr Alban. Credai mai dim ond llythyrdy i adrannau eraill Whitehall fyddai'r swydd. Dywedir iddo ddweud, "You can have it, Jim."

Y trydydd cam, a'r un mor bwysig, oedd i Jim Griffiths, ar ôl ei apwyntio yn Ysgrifennydd cyntaf yn 1964 yn nannedd gwrthwynebiad y Gwasanaeth Sifil, dan Dame Evelyn Sharp, hawlio pwerau gweithredol yn union syth i'w swyddfa. Deallaf iddo wrthod swyddfa yn Adran yr Amgylchedd a chofiaf ymweld ag ef mewn swyddfa fach iawn ar gyfyl Whitehall yn Derby Gate a fu'n gartref i ddociau De Cymru, yn ôl yr arfbeisiau ar y muriau.

Roeddwn yno i ofyn am gymorth ariannol i gychwyn a sefydlu ffactri i Gwmni Freeman, gwneuthurwyr sigarennau yn Sandfields, Port Talbot, a swyddi am flynyddoedd i gannoedd o wragedd. Gwaith bara caws i Aelod Seneddol, ac un o'r llwyddiannau bach.

Ychydig oedd ei bwerau ar y cychwyn, ond o dan lywodraethau Llafur a Thorïaidd tyfodd y swyddfa yn ei chyfrifoldebau. Yn dawel o sŵn y frwydr am ddatganoli enillais innau nifer fwy helaeth o ddyletswyddau. Heblaw'r profiad o'r swyddfa yn gweithredu ar faes eang, ni fyddai'n rhwydd i'r Cynulliad i weithredu. Roedd y profiad yng Nghaerdydd yn barod.

Mae digon wedi ei ysgrifennu ar ddatganoli, a minnau yn arbennig yn fy hunangofiant *Fifty years in Politics and the Law* ac nid wyf am aildwymo'r cawl. Y neges bwysig yw mai creadigaeth y Blaid Lafur yw datganoli. Mae ei gwreiddiau yn hollol wahanol i sloganau'r Blaid Genedlaethol, 'Parliament for Wales within 5 years' yn y pumdegau, a'i nod, hanner guddiedig, o annibyniaeth, fel yr Albanwyr. Rhaid imi ar yr un pryd dalu teyrnged i bob plaid a ymgyrchodd, â gwahanol frwdfrydedd ar adegau, i ddod â'r cwch i'r harbwr yn ddiogel yn y diwedd ar ôl siwrnai dymhestlog.

Nid imi yw mesur llwyddiant fy nghyfnod hir fel Ysgrifennydd. Roedd y siom o golli mor llwyr y Refferendwm ar Ddatganoli yn ofnadwy, a chymerodd flynyddoedd imi ddod drosti. Roedd yn fantais aruthrol inni yn deddfu yn y nawdegau fod gymaint o'r gwaith sylfaenol wedi ei wneud gennyf yn y saithdegau a'r rhan fwyaf o'r Mesur yn etifeddiaeth i do arall. I mi bu yn waith oes, o 1953 i 1998, i gyfrannu at greu pensaernïaeth datganoli. Fy llwyddiant oedd perswadio'r Cabinet – ni fûm yn ddigon llwyddiannus i berswadio fy nghyd-Aelodau Seneddol a Chymru ar y pryd, ond aeddfedodd y ffrwyth gydag amser.

Ymfalchïwn pan ddaeth ein plaid a Chymru at eu synhwyrau, ac fel y Twrnai Cyffredinol cefais gymaint o bleser yn cynorthwyo i roddi gwynt i'r hwyliau pan oeddwn yn aelod o bwyllgor y Cabinet i sicrhau mesur derbyniol i'r Senedd. Roedd fy mysedd ar dannau'r delyn o hyd, ac i'm syndod fe'm gwahoddwyd fel Twrnai Cyffredinol Lloegr a Chymru i gyflwyno'r Mesur i'r Frenhines, neu o leiaf y dudalen flaen symbolaidd, yn eisteddiad cyntaf y Cynulliad yng Nghaerdydd. Arwyddodd y Frenhines ddau gopi a gyflwynais iddi, un yn Saesneg ac un yn Gymraeg. Nid oedd wedi cael cymhelliad i arwyddo dogfen yn y Gymraeg o'r blaen. Rhaid oedd iddi ddibynnu arnaf am y cynnwys fel Gweinidog y Goron.

Roedd wedi bod yn siwrnai hir ers fy nhrafodion yn 1953 a'm bwriad o gynnwys datganoli yn fy ngradd yng Nghaergrawnt.

Yn y cyfnod hwn brwydr arall oedd ceisio perswadio fy nghyd-Weinidogion i neilltuo rhan o Sianel 4 i'r iaith Gymraeg. Roedd barn yn rhanedig, yng Nghymru ac yn fy swyddfa. Ar ôl petruso am gyfnod a gwrando ar y dadleuon deuthum i'r farn mai Sianel 4 oedd y gobaith gorau i ddyfodol yr iaith.

Roedd y frwydr, yn ôl y llythyron a'r cyfarfodydd gyda'm cyd-Weinidogion, yn dorcalonnus, yn ôl ymchwiliad gan S4C i ddathlu eu degfed pen-blwydd, ond er mai cyngor fy swyddogion oedd rhoi'r gorau imi ohebu, llwyddwyd yn y diwedd i gael cytundeb, a diolch i'm cyd-Gymro Merlyn Rees, yr Ysgrifennydd Cartref newydd. Pasiwyd y Mesur i greu sail gyfreithiol i Sianel 4 yn nyddiau olaf y llywodraeth yn 1979. Brwydr arall i'm holynwyr oedd ariannu S4C ar y sianel. Rwyf yn falchach o'm hystyfnigrwydd dros y pedair blynedd yn y maes hwn na dim arall.

Ar ôl colli etholiad 1979 roedd 18 mlynedd i fynd heibio cyn y byddwn yn Weinidog unwaith eto.

Cyfreithwyr y Llywodraeth

DAU WEINIDOG SYDD gan y llywodraeth i'w chynghori ar y gyfraith, y Twrnai Cyffredinol a'i ddirprwy, y Cyfreithiwr Cyffredinol, fel y dywedwyd sydd ddim, ran amlaf, yn gyfreithiwr nac yn Gadfridog. Gall ef sefyll yn esgidiau'r Twrnai ym mhob cyswllt ar ôl imi gyflwyno, yn llwyddiannus, ddeddf newydd yn y senedd i sicrhau hyn.

Ers fy nyddiau cynnar fel Aelod Seneddol fy nod oedd i fod yn Dwrnai Cyffredinol. Gofynnodd maer Port Talbot imi yn ystod etholiad 1964, pan oedd rhagolygon y gallem ennill yr etholiad, a ddim yn meddwl y byddwn i'n cael swydd, oherwydd dim ond pum mlynedd bûm yn Aelod, "Pa swydd yr hoffech ei chael?"

Fy ateb, er syndod iddo, oedd, "Yng nghyflawnder amser – rywbryd – y Twrnai Cyffredinol."

Ar ôl colli etholiad 1979, ar ôl chwe mlynedd fel

Ysgrifennydd Cymru, nid oedd chwant arnaf fod yn Ysgrifennydd Cymru yn yr wrthblaid. Roeddwn wedi blino gymaint yn gorfforol ac yn feddyliol ar ôl chwe mlynedd yn y swydd, fel nad oeddwn am wneud rhyw lawer – hamdden i gael amser i ystyried y dyfodol oedd angen, ac yr oedd y corff a'r meddwl yn dyheu am hyn. Ni welwn unrhyw flas ar fywyd o dderbyn dirprwyaethau, annerch cymdeithasau a phethau tebyg, heb rym i gyflawni. Roedd angen amser i glwyfau'r brwydro i wella, efallai y gwnâi eraill well gwaith na mi, a deuai'r blaid a Chymru at eu synhwyrau, fel y disgrifiodd y gohebydd meistrolgar, John Roberts Williams, ein cenedl mewn geiriau miniog.

Yr oedd mynd yn ôl i bracteisio fy mhroffesiwn yn galw, er y bu'n anodd gwneud hynny. Does fawr o wleidyddion sydd wedi dal swyddi gwleidyddol am hir, wedi mynd yn ôl i bracteisio yn ein cyfnod ni, a bu'n anodd iawn i newid byd am y tair neu bedair blynedd cyntaf. Roeddwn wedi cael sidan (Q.C.) yn 1973, heb ystyried y posibilrwydd o ddychwelyd i lywodraeth yn fuan. Fel y bu, ni chefais yr amser i hogi yn ddigon fy arfau fel sidanwr ar ôl hynny gan imi gymryd y swydd o Ysgrifennydd Cymru yn 1974. Yr oedd y diffyg hwn yn golled fawr i'm hunanhyder.

Ni ddychmygais chwaith y byddem yn colli etholiad ar ôl etholiad, o 1979 i 1997, ac ar ôl gofyn, er syndod iddo yn 1979, i Jim Callaghan am swydd Twrnai'r wrthblaid ac nid swydd wleidyddol. Roedd hyn yn gam tyngedfennol. Roedd gadael y llwybr o lenwi swyddi gwleidyddol yn cau'r drws i ddyrchafiadau yn y dyfodol. Roedd hyn yn wyneb gobeithion ac anogaeth rhai o arweinwyr yr undebau yn y De a oedd yn rhy garedig yn eu gobeithion imi. Torrais y record o'i llanw am gyfnod o ddeunaw mlynedd heblaw bwlch byr dan Michael Foot. Dim mater i ymfalchïo ynddo!

Yn 1997, fel y disgrifiais yn hanes Tony Blair, cyrhaeddais siamberi'r Twrnai Cyffredinol o'r diwedd. Ar ôl seremoni urddasol yn Llys y Prif Farnwr, a minnau wedi'm gwisgo mewn cot â chynffon, *breeches*, esgidiau â bwcle a wig hir, tyngais lw fel Twrnai, a chael blaenoriaeth yn y llysoedd fel arweinydd y Bar, a'r fraint o lywyddu cyfarfod blynyddol y bargyfreithwyr. Yr oeddwn, ar ôl siwrnai hir, wedi cyrraedd y nod o fod yn Brif Dwrnai, a gwasanaethu yn y Cabinet am chwe mlynedd ar y ffordd yn ogystal.

Ar ôl fy nghyfnod i aeth yn fwy anodd i lanw'r swydd fel aelod yn Nhŷ'r Cyffredin. Mae galwadau gwleidyddol fel Aelod Seneddol mor drwm, a'r cyfle i ddatblygu sgiliau mewn practis yn fwyfwy anodd. Mae galwadau etholwyr am atebion unionsyth ar y we, a datblygiadau gwasanaethu ar bwyllgorau dethol wedi ei gwneud hi'n anodd i ddatblygu'r profiad angenrheidiol i lanw'r swydd wrth wasanaethu yn Nhŷ'r Cyffredin. Yr unig ffordd y gallais i farchogaeth dau geffyl, gwleidyddiaeth a chyfraith, dros y deunaw mlynedd, oedd gwrthod ymddangos mewn Llys y tu allan i Lundain, gydag ychydig eithriadau. Os oedd mesur yn ymwneud â'r gyfraith a chyfrifoldeb y Twrnai gerbron y Tŷ, fel y Contempt of Court Act, rhaid oedd dychwelyd pob gwaith proffesiynol dros dro am ychydig o wythnosau. Os oedd rhywbeth annisgwyl yn digwydd roedd y Barnwyr, a minnau yn y Llys, yn garedig ac yn fodlon newid y drefn o alw tystion pwysig. Roedd y cyfan yn anodd ond bu'n bosibl. Wrth edrych yn ôl roedd yr oriau a weithiwn, yn aml o 6 y bore i 11 y nos, yn ddychrynllyd, ac roedd rhan o'r penwythnosau yn ôl yn fy etholaeth. Codwyd y plant gan Margaret, fel un rhiant. Y dyn oedd yno weithiau amser brecwast oedd eu tad. Teimlaf y golled o'u hadnabod yn tyfu fyny'n fwy na dim. Bûm yn ffodus i gael closio atynt wedyn a chael eu cwmni.

Ofnaf, ar ôl fy nghyfnod i, bu'n rhaid apwyntio rhai o'm holynyddion o Dŷ'r Arglwyddi, neu ddyrchafu'r Twrneiod yn Nhŷ'r Cyffredin i gael sidan – colled i Dŷ'r Cyffredin ac i'r llywodraeth pan nad oedd sidanwr profiadol ar gael. Ofnaf fod diffyg profiad gwleidyddol a chyfreithiol ac absenoldeb Arglwydd Ganghellor o bwys yn y Cabinet yn egluro cam gwag y llywodraeth yn apelio dyfarniad y Llys Apêl i'r Llys Uwch (Supreme Court) ac yn peryglu parch i'r Barnwyr, 'Enemies of the People', yn ôl y *Daily Mail*.

Cymysgedd o wleidyddiaeth a chyfraith yw'r swydd arswydus. Fel Gweinidog y Goron mae'n rhannu'r un cyfrifoldeb â swyddi Gweinidogion eraill, yn arbennig ei gyfrifoldeb dros weinyddiaeth Gwasanaeth Erlyn y Goron, ond mae'n hollol annibynnol am ei gyfrifoldebau eraill. Gall ymgynghori â'i gyd-Weinidogion, ac yng ngeiriau Sir Hartley Shawcross Q.C., y Twrnai yn 1945: "Byddai yn ffŵl weithiau pe na bai". Dywedodd Francis Bacon, un o'm rhagflaenwyr bedair canrif yn ôl, fod swydd y Twrnai yn "un o'r llefydd mwyaf poenus yn y deyrnas", ac yng ngeiriau Syr Patrick Hastings Q.C., roedd bod yn Dwrnai Cyffredinol yr un peth â bod yn uffern! Cwympodd llywodraeth Ramsay MacDonald, un o'm rhagflaenwyr fel Aelod Aberafan, ar ôl dyfarniad Hastings yn 1924 i beidio erlyn golygydd papur newydd.

Mae Cymry enwog wedi llanw'r swydd. Yn fy nghyfnod i, Syr Elwyn Jones oedd y pwysicaf. Cafodd yr un addysg â minnau yn Aberystwyth a Choleg Gonville a Caius Caergrawnt. Pan oedd yn ifanc roedd yn un o'r erlynwyr yn achos Nuremberg, a chyn y rhyfel gweithiodd i roddi lloches i ffoaduriaid o'r Almaen. Yn y llywodraeth nesaf fe'i dyrchafwyd yn Arglwydd Ganghellor, a phan oeddem ein dau yn y Cabinet, a minnau fel Ysgrifennydd Cymru, anfonodd nodyn yn Gymraeg i mi am un o'r cyd-Aelodau, "Mae hwn yn siarad nonsens." Un o blant Llanelli oedd

Elwyn, ac weithiau achwynai pan y deuai'n ôl i Gymru oherwydd fe gyfeiriwyd ato fel brawd Idris, a fu'n brif wyddonydd y Bwrdd Glo a chapten tîm rygbi Cymru. Yr olaf, yn ôl llawer, yn swydd bwysicach! Roedd ei chwaer yn brifathrawes yr Ysgol Gymraeg gyntaf yn Llanelli. Cofiaf pan oedd Clwb Rygbi Llanelli yn dathlu ei ganmlwyddiant iddo gael caniatâd Harold Wilson i fod yn absennol o'r Cabinet y diwrnod hwnnw. Pan wnaeth gais arall wedyn, dywedodd y Prif Weinidog, a hanner gwên, "Pryd yn y byd y mae'r dathlu yn Llanelli yn dod i ben?"

Roedd yn hoff o ddweud y stori am y cyfnod pan ddychwelodd i'r Bar ac yntau ar ddirprwyaeth i Morocco yng nghanol rhyw derfysg lleol, yn derbyn telegram oddi wrth ei glerc, "Murder fixed for Thursday."

Ni fu ei eglurhad i'r awdurdodau lleol o'i ddiniweidrwydd yn rhwydd iddo!

Y Cymro cyntaf y gwn amdano i lanw swydd y Cyfreithiwr Cyffredinol oedd Syr Samuel Evans, a chysylltiadau â'r pregethwr Christmas Evans. Fel Elwyn cafodd beth o'i addysg gyfreithiol yn Aberystwyth, a chan ei fod wedi bod yn Aelod Seneddol tros Ganolbarth Morgannwg, a oedd yn cynnwys rhan o'm hetholaeth i, gwelais un tro blac teilsen yng Nghlwb y Gweithwyr yn Nyffryn Afan yn cydnabod mai Syr Samuel a'i agorodd. Cafodd yrfa ddisglair fel Llywydd y Llysoedd – Probate, Divorce and Admiralty Division – a datblygodd y gyfraith ryngwladol o wobrwyo ar suddo neu goncro llongau yn y Rhyfel Byd Cyntaf. Mae gwobr yn Aberystwyth wedi ei gwaddoli ganddo i'r disgybl disgleiriaf yn Adran y Gyfraith.

Roedd Syr Lynn Ungoed-Thomas a'i deulu yn hanu o Sir Gaerfyrddin ac yntau am gyfnod yn A.S. tros y Barri, yn Gyfreithiwr Cyffredinol ac yna'n Farnwr yn yr Uchel Lys.

Yn ddiweddarach bu Syr Geoffrey Howe (wedyn Arglwydd Howe o Aberafan) yn y swydd am gyfnod byr, ac yntau a'i deulu o Aberafan, ac yn ymfalchïo yn ei wreiddiau – fy ngwrthwynebydd cyntaf yn y dref honno, a ni'n dau â Rhyddfraint Port Talbot, roedd ei dad-cu yn gweithio yn y gwaith dur.

Mae Robert Buckland, y Cyfreithiwr presennol, o dde Cymru hefyd, ac efallai bod rhai eraill o Gymru wedi llanw'r swydd a swydd gyfreithiol debyg. Un o hoff Farnwyr yr Arglwydd Edmund Davies, un o'n prif Farnwyr, oedd y Barnwr David Jenkins o Hensol yn amser Cromwell, a gafodd ei ddwyn o flaen Tŷ'r Cyffredin am gymeryd rhan y Brenin – trosedd o uchel frad a allai arwain at gael ei ddienyddio os byddai'n ei gael yn euog.

"Af i'r nefoedd," dywedodd wrth y Tŷ, "a'r Beibl o dan un fraich a'r Magna Carta o dan y llall os y cewch fi'n euog."

Blinodd ar Lundain a dychwelodd i Hensol, a dywedir iddo drefnu eisteddfodau ym Morgannwg. Edmygai hefyd yr Arglwydd Atkin o Aberdyfi, un o'r dewraf o'n Barnwyr yn ystod y rhyfel.

Roeddwn yn dal swydd y Twrnai yn Lloegr a Chymru yr un pryd â dal swydd debyg yng Ngogledd Iwerddon, ac roedd hynny'n golygu ymweld â'r rhanbarth bob rhyw dair neu bedair wythnos a golygu erlyniadau yno. Oherwydd bod yr anghydfod yn tawelu bryd hynny, fy ngorchwyl yn aml oedd penderfynu pwy a ddylsid gael gwrandawiad ei achos treisiol o flaen rheithgor neu o flaen llysoedd Diplock, o flaen Barnwr yn unig. Rhaid oedd penderfynu natur yr achos, a pha un oedd â chysylltiad â'r anghydfod. Roeddwn i, oherwydd y gostegu yn y gwrthryfela, yn weddol ryddfrydig yn fy nyfarniadau i sicrhau bod hawliau cyffredinol y deyrnas yn bodoli.

Roeddwn yn cyfarfod â Phrif Erlynydd (Director of Public Prosecutions) Lloegr a Chymru bron bob wythnos fel y gallai ddod ag achosion pwysig i'm sylw. Ond os nad oedd cyfraith arbennig yn ymwneud â'r drosedd ac yn rhoi'r cyfrifoldeb i'r Twrnai yn bersonol i benderfynu erlyniad, y Cyfarwyddwr oedd yn penderfynu, ar ôl ymgynghoriad â mi. Roedd cymysgedd o statudau wedi eu pasio tros y blynyddoedd yn rhoi ar adegau y cyfrifoldeb i minnau. Fy mwriad oedd i ddod â deddfau newydd, a chael peth trefn ar y sefyllfa. Roedd dau begwn cyn penderfynu erlyniad – digon o dystiolaeth a budd y cyhoedd (*public interest*). Yr olaf, weithiau, oedd yn pwyso ar fy ysgwyddau.

Un o'r penderfyniadau mawr oedd y penderfyniad i erlyn rhai oedd wedi eu cyhuddo o drosedd dan y War Crimes Act. Roeddwn wedi pleidleisio a siarad yn y Tŷ yn erbyn y Ddeddf am amryw o resymau – gymaint o amser wedi mynd heibio, a'r posibilrwydd mai dim ond is-swyddogion o'r radd isaf y gellid eu dwyn gerbron y Llys yn awr. Wrth edrych yn ôl efallai y dylswn, wedi'r cyfan, fod wedi erlyn yn bersonol. Dim ond dau a gyhuddwyd gan y Ddeddf, ac yr oedd hyn yn ofidus iawn, ond roedd gymaint o ddŵr wedi llifo tan y bont.

Fy ngofid mwyaf oedd na chefais y cyfle i ymddangos yn bersonol fwy o weithiau yn y llysoedd. Roedd y gwaith o gynghori'r llywodraeth yn cymeryd gymaint o amser, a phroblemau aildrefnu'r Gwasanaeth Erlyn mor drwm fel ei bod hi'n anodd cael amser i anadlu. Sefydlais gomisiwn arbennig dan gyn-Farnwr y Llys Apêl, Syr Iain Glidewell, i ymchwilio i fethiannau'r Gwasanaeth Erlyn ac i gynnig gwelliannau. Derbyniais, a derbyniodd y Cabinet a'r Senedd gynigiadau Glidewell ac yr oedd cysoni yr ardaloedd erlyn, y llysoedd a'r heddlu, yn bluen yng nghap y llywodraeth a'm goruchwyliaeth innau. Yn anffodus bu'n rhaid newid y cyfarwyddwr a ymddeolodd. Dyna'r math o gyfrifoldeb na all pennaeth adran osgoi.

Bu raid imi wneud yr un peth flynyddoedd ynghynt â Chadeirydd y Bwrdd Nwy yng Nghymru a thrwy adroddiad ar y rheilffyrdd y bûm yn gadeirydd arno, cynorthwyo'r penderfyniad i ofyn am ymddeoliad y cadeirydd yno hefyd. Dysgais, yn arbennig o wylio anawsterau Gweinidogion eraill, sut i symud gwŷr pwysig o'u swyddi heb fawr o gyhoeddusrwydd!

Fy syndod mwyaf pan gymerais y swydd oedd gymaint o'm hamser a dreuliwn yn ymwneud â chyfraith ryngwladol. Cyfreithiwr yn y byd troseddol oeddwn i, a heblaw am ddilyn cwrs byr yn y Coleg Rhyngwladol yn yr Hague yn yr Iseldiroedd, nid oedd gennyf fawr o brofiad. Ond tebyg oedd yr egwyddorion, a gallwn odro o'r rhain a'u defnyddio i bwrpasau a galwadau rhyngwladol.

Roedd cyfreithiwr ifanc o'r Swyddfa Dramor yn un o'r cynghorwyr – yn awr (Syr) Iain Macleod, ac roedd yn dŵr o nerth, yn enwedig adeg y rhyfel yn Kosovo. A ninnau'n dau wedi codi yn fore un tro, pan oeddwn ar ymweliad â Mecsico mewn cynhadledd, i esgyn yn uchel i'r pyramidiau i weld yr haul yn codi, dywedais wrtho nad oeddwn yn mynd ddim pellach na hanner ffordd.

"Gallaf weld yr haul yn codi o'r fan hyn, a beth petaem yn cael trawiad ar y galon!"

Yn ei ffordd sych, Albanaidd, atebodd, "Fy mhroblem i fyddai hynny."

Ni chafodd anghofio ei eiriau!

Roedd cadw llygad ar gynigiadau Cyngor Diogelwch y Cenhedloedd Unedig yn un o'm dyletswyddau, a hefyd gosod rheolau i'n Lluoedd Arfog a fyddai'n gorfod brwydro i sicrhau heddwch mewn llefydd fel Sierra Leone. Rhaid bod yn ofalus gan fod bywydau yn y fantol a'r posibilrwydd o'ch galw i ateb am eich gweithredoedd o flaen llysoedd rhyngwladol a chenedlaethol.

Y cwestiwn pwysicaf a mwyaf anodd o bell ffordd y gorfu imi benderfynu arno oedd, a oedd hi'n gyfreithiol i fynd i ryfel neu ddefnyddio arfau yn erbyn gwlad arall heb benderfyniad y Cyngor Diogelwch? Gallwch fynd i ryfel pan fydd eich gwlad yn gorfod amddiffyn ei hun heb gael y caniatâd. A oedd yna bosibiliadau eraill? Fy nghyfrifoldeb i oedd creu seiliau cyfreithiol i ddefnyddio arfau yn Kosovo, Iwgoslafia.

Daeth y broblem yn bwnc llosg yn ystod datblygiadau erchyll yn y Dwyrain Canol fwy nag unwaith. Calon y broblem oedd polisïau'r Rwsiaid a'r Tseinïaid yn defnyddio eu feto droeon i wahardd unrhyw ymyrraeth arfog mewn gwlad arall.

Digwyddodd hyn, cyn fy nghyfnod i fel y Twrnai, amser y rhyfel a enwir Irac I. Roedd Saddam Hussein yn ymlid Cwrdiaid ac Arabiaid y ffosydd (Marsh Arabs). Roedd eu bywydau fel lleiafrifoedd mewn perygl enbyd.

Cynlluniodd yr Americanwyr a'r Deyrnas Unedig adrannau lloches yn yr awyr uwchben, lle y gwaherddid

Saddam Hussein rhag defnyddio ei awyrennau i ymlid y ddwy garfan i farwolaeth. Roedd y straeon am yr hyn oedd yn digwydd yn dorcalonnus.

Gweithredwyd y cynllun yn niffyg caniatâd y Cyngor Diogelwch, ac yr oedd hyn yn torri tir hollol newydd. Roedd yn effeithiol yn niffyg y caniatâd. Roedd yn enghraifft o aneffeithiolrwydd y Cyngor Diogelwch ac yn pwyntio at lwybr y gallwn ei efelychu. Goddefol (*passive*) yn hytrach na gweithredol (*active*) oedd ein gweithredoedd y tro hyn, ac felly llai o wrthwynebiad. Yn Kosovo, y bwriad oedd defnyddio pob grym y gallem o'r awyr.

Y cyfiawnhad dros fynd yn groes i'n hymrwymiad i ddeddfau'r Cenhedloedd Unedig oedd fod cannoedd os nad miloedd yn goddef trasiedi erchyll heb y modd i amddiffyn eu hunain, a ddisgrifiwyd fel 'overwhelming humanitarian catastrophe'.

A minnau yn y gadair yn siamberi'r Twrnai, pa gyngor allwn ei roddi i'r Prif Weinidog, pan oedd Milošević, Pennaeth y Serbiaid, yn ymlid miloedd ar filoedd yn Kosovo, ac oedd yn cael eu llofruddio a'u treisio fel rhan o bolisi'r wladwriaeth i 'lanhau' rhannau o'r wlad lle preswyliai'r Kosovors – *ethnic cleansing* na welwyd unrhyw beth tebyg ers i Hitler 'lanhau'r' Almaen a phob tir yr oedd yn teyrnasu trosto o bresenoldeb yr Iddewon am eu bod yn Iddewon. Dyma'r hyn a elwir yn awr, yr Holocaust, galanast cenedl yr Iddewon. Yr unig wahaniaeth rhwng bwriadau Iwgoslafia a llwyddiant Hitler yw mai miliynau o bobl a oddefodd oherwydd gweithredoedd yr Almaenwyr, tra dim ond miloedd lawer a wnaeth ddioddef yn Kosovo o'r trychineb dyngarol gorlethol yno.

Roedd y gŵys roeddwn am ei thorri, a'r dull o weithredu mewn polisi cyfreithiol, yn newydd, ac fel cyfreithiwr confensiynol edrychwn yn gyntaf ar y cynseiliau. Roeddent yn gymharol gyfyng. Gymaint a wyddwn, un enghraifft yn unig oedd, a honno'n gymharol geidwadol.

Yr her imi oedd a fyddwn yn barod i gerdded y tu arall heibio, a chau fy llygaid i'r drychineb yn niffyg penderfyniad y Cyngor Diogelwch. Nid oedd lle arall i droi. Roedd y Prif Weinidog am weithredu, fel rhan o ymgyrch gwledydd N.A.T.O. Rhaid oedd i'r Gweinidogion, ac efallai yn bwysicach, y Lluoedd Arfog, gael cyfiawnhad cyfreithiol. Y fi'n unig a allai roddi hwn. Roeddwn yn ddigon unig; anodd yn awr cofio a sylweddoli pa mor unig oeddwn, a chydwybod a oedd yn anodd, os nad yn amhosibl, i gario cyfrifoldeb am wneud dim yn yr amgylchiadau; a'r cof hefyd am yr Holocaust, er mai plentyn oeddwn bryd hynny, ac ymweliadau ag Israel yn fyw. Cafodd ymweliad ag Israel, a'r modd y cofiwyd eu colledion, argraff ddofn arnaf.

Dadleuais â'm hunan – beth petai drwgweithredwr yn torri i mewn i'ch cartref, ac yn peryglu eich gwraig a'ch teulu drwy losgi eich eiddo, tra bod y plismon lleol yn gwrthod codi bys? Byddai'r trychineb drosodd cyn i chi apelio ar y prif gwnstabl a'r pwyllgor lleol.

Fel y dywedodd Sadako Ogata, Uchel-Gomisiynydd y Cenhedloedd Unedig tros Ffoaduriaid, "Kosovo is being emptied, brutally and methodically of its ethnic Albanian population. In the last 3 days alone about 37,000 new refugees... have arrived in Albania, Macedonia and Montenegro. Ethnic cleansing and mass forced expulsions are yielding their tragic results faster than we can respond. Seven hundred thousand people have already been forced to leave their homes."

Rhaid i'n milwyr a'n Lluoedd Arfog ufuddhau i gyfraith ein gwlad a hefyd gyfraith ryngwladol, yr un modd â Gweinidogion y Goron a'r gweision sifil. Edrychant am sicrwydd cyfreithiol i'w gweithredoedd, sicrwydd a fydd yn gyfiawnhad ac yn eu hamddiffyn rhag eu cosbi am droseddu.

Fy ngwaith oedd creu, orau ag y gallwn, y sicrwydd cyfreithiol hyn. Nid yw torri tir newydd cyfreithiol yn rhoddi pleser i unrhyw gyfreithiwr gwerth ei halen. Fe drodd fy ngwallt yn wyn yn y 68 niwrnod o ymosodiadau milwrol a ddilynwyd drwy fomio yn Iwgoslafia.

Yn fy negeseuon at y Prif Weinidog, Tony Blair, gwneuthum yn hollol glir y byddai'n rhaid imi roddi caniatâd bob tro, bob dydd, bob nos, drwy gydol yr ymgyrch a sicrhau fod y targedu yn gyson â deddfau rhyngwladol yn ôl Confensiwn Genefa.

Heblaw fy aelodaeth o'r Cabinet Rhyfel, ni chefais gyfarfod personol, ddyn wrth ddyn, â Blair y Prif Weinidog o gwbl, a minnau oedd ei brif gynghorydd cyfreithiol! Ac un tro bu bron â herio fy mhresenoldeb yn y Cabinet Rhyfel. Roedd fel petai am gadw perygl y farn gyfreithiol a chyfreithwyr mor bell â phosibl oddi wrtho. Roedd pob cyfathrach gyfreithiol yn ysgrifenedig.

Fe'i rhybuddiais pa mor agos i'r llinell yr oeddem, a bod perygl bob amser, yn wahanol i'r gorffennol, inni gael ein dwyn o flaen llysoedd cenedlaethol a rhyngwladol.

Yn dilyn hyn, ddydd ar ôl dydd, nos ar ôl nos, deuai rhai o brif swyddogion y Llu Awyr â'u cynlluniau i'm siamberi fel y caent eu hastudio gan fy nghynghorwyr ac yna yn bersonol gennyf i, mewn cyfarfodydd ran amlaf. Yn ddiweddar nos Sul oedd eu hoff amser i rai o'r ymweliadau, ac Iain Macleod yn gorfod gyrru o'i gartref yn Wimbledon. Synhwyrais fod y caniatâd yn cael ei ofyn gan amlaf yn hwyr gan nad oedd hyder gennym yng ngwledydd eraill N.A.T.O.

Trwy'r holl gyfnod dim ond unwaith neu ddwy y gadewais y ffôn yn Llundain, a phan euthum, yn anaml iawn, i Geredigion roedd Macleod wedi dyfeisio cod fel y gallwn ddehongli'r math o ganiatâd a ddymunwyd a'r dinistr yr oeddent yn ei ragweld o'r ymgyrch honno.

Y canllawiau a osodais oedd y dylsai fod y lleiaf posibl o berygl i ddinasyddion nad oedd yn y Lluoedd Arfog, yr un peth i hen gofadeiliau a phethau tebyg, a rhaid oedd i'n hymgyrchoedd fod yn gymesurol (*proportionate*). Roeddem yn ymgyrchu fel rhan o ymdrechion N.A.T.O., ac roedd yr un llinyn mesur yn dilyn ein hawyrennau ni â gwledydd eraill N.A.T.O., oedd yn defnyddio ein meysydd awyr ni.

Daeth y swyddogion i ddeall fy anghenion yn fuan, a pha mor drylwyr y byddwn yn archwilio eu ceisiadau, a pharatowyd pob cais yn fanwl. Deuthum i'r casgliad mai'r uchaf y swyddogion oedd ger fy mron, y gwannaf oedd yr achos!

Cytunais â phob cais ond tri. Roedd dau ohonynt yn gyson â'r canllawiau ond roedd y perygl ymarferol o weithredu yn ormod yn fy ngolwg i. Roedd un cais yn golygu taro'n rhy agos yn ddaearyddol i gartref plant â phroblemau meddyliol. Er imi gael sicrwydd pendant nad oedd yn bosibl i'r bomiau wneud drwg i'r cartref, fy marn i, er y sicrwydd, oedd fod y perygl yn rhy fawr imi ac y dylsai'r Prif Weinidog ei hun benderfynu. Gwnaeth yn unionsyth!

Yn flinderus iawn, bron ar ddiwedd yr ymgyrch, roeddwn i a Margaret wedi penderfynu mynd i ben pellaf gogledd-orllewin yr Alban i bysgota, a gallwn roddi'r cyfrifoldeb i eraill dros dro.

Y pnawn cyn teithio yno daeth cais gwahanol oddi wrth y Weinyddiaeth Amddiffyn i fomio rhan helaeth o gyfleusterau pwysicaf Belgrade, prifddinas Iwgoslafia. Ar ôl pwyso a mesur deuthum i'r penderfyniad nad oedd y cais yn gymesurol. Roedd y canlyniadau i'r dinasyddion yn annioddefol – colli eu dŵr, trydan, nwy, ac yn bwysicach fyth, eu carthffosydd. Roedd perygl o golera hefyd. Roeddwn yn sicr nad oedd y cais yn gyfreithiol am nad oedd yn gymesurol. Fy swydd oedd dweud y gwir wrth y rhai oedd â'r gallu a'r pŵer, *truth onto power*.

Euthum i Gaerloyw i annerch cinio cyfreithwyr y Llu Awyr, ond nid cyn i'r Ysgrifennydd Amddiffyn geisio'm perswadio i newid fy meddwl ar y ffôn cyn diwedd y nos wrth imi glymu fy nhei bow. Gwrthodais. A minnau ar y ffordd i'r Alban drannoeth a'm gwialenni pysgota ar yr eroplên, gwnaed ail gais i'm siamberi a rhoddwyd y caniatâd i'r ymgyrch gan gyfreithiwr pwysig arall. A ninnau yn ein gwesty yn yr Alban daeth y newydd fod Milošević wedi ildio, a'r rhyfel ar ben. Diolch iddo! Ni ddilynwyd y bwriad o fomio Belgrade, neu petasai hynny wedi digwydd byddem mewn trafferth mawr fel gwlad ac fel unigolion o Weinidogion.

Yn dilyn y rhybudd a roddais i'r Prif Weinidog fe'm galwyd yn ôl o gynhadledd i Dwrneiod Cyffredinol yn y Caribî i arwain dros y Deyrnas Unedig yn y Llys

Rhyngwladol yn yr Hague yn erbyn cais Iwgoslafia i gael dyfarniad i wahardd y bomio.

Roedd dau amddiffyniad gennym – nad oedd Iwgoslafia wedi dilyn y camau angenrheidiol mewn amser i sicrhau fod llais ganddynt o flaen y Llys, a'r llall oedd ein cyfiawnhad fod torri tir newydd cyfreithiol, lle mae trychineb dyngarol gorlethol yn cyfiawnhau ein hymgyrchoedd.

Roedd wyth gwlad arall o N.A.T.O. yn gyd-ddiffynyddion yn y Llys am wythnos. Rhoddais ein hachos gerbron yn glir a gyda phwyslais ar dystiolaeth Sadako Ogata o'r Cenhedloedd Unedig, fe'i dyfynnais hithau fel rhan bwysig o'n hamddiffyniad.

Y penderfyniad oedd nad oedd statws gan Iwgoslafia i ymddangos o flaen y Llys, ac felly ni ddaethpwyd i benderfyniad ar ail gymal ein hachos. Gohiriwyd y dyfarniad ond erbyn hynny doedd Iwgoslafia fel gwlad ddim yn bodoli. Roeddwn yn flin na ddaethpwyd i ddyfarniad gan y teimlwn yn gryf fod angen ymestyn dealltwriaeth o amodau newydd y byd ers Siarter 1945.

Cefais y cyfle mewn cynhadledd ryngwladol yn Cape Town flynyddoedd wedyn, a minnau ar y meinciau cefn, i berswadio tua 180 o wledydd fod angen ailystyried Siarter y Cenhedloedd Unedig yn y cyswllt hwn. Yn 2017 euthum i St Petersburg, Rwsia, i'r un fath o gynhadledd, i sôn am yr un angen eto. Ni wneir dim nes y trychineb nesaf.

Yn anffodus mae trychineb arall wedi digwydd, a hynny yn Syria, a'r Deyrnas Unedig yn gorfod ystyried bomio Syria oherwydd iddynt ddefnyddio gwenwyn cemegol yn erbyn eu cyd-ddinasyddion.

Mae hyn yn wrthun i genhedloedd y byd a chefais y fraint tua deng mlynedd yn ôl o annerch cynhadledd yn yr Hague wedi ei threfnu gan yr Organisation for the Prohibition of Chemical Weapons. Yr oedd gwledydd y byd yn gadarn.

Derbyniodd y Prif Weinidog, Theresa May, yn achos Syria, yr un canllawiau air am air a osodais yn Kosovo. Wrth annerch Tŷ'r Arglwyddi (19 Ebrill) gofidiais y gallai cefnogaeth y Prif Weinidog amharu ar fy ngyrfa yn y dyfodol! Ond credaf fod fy nghyngor yn dderbyniol ac yn cryfhau bob tro y'i defnyddir.

Yn anffodus nid yw Siarter y Cenhedloedd Unedig yn delio ag amgylchiadau lle mae gwlad ddrygionus yn llechu dan gefnogaeth un o'r gwledydd sydd â *veto* yn y Cyngor Diogelwch.

Atgoffais y Tŷ hefyd o dystiolaeth un o'm rhagflaenwyr, Arglwydd Mayhew, a minnau yn 2006, fod braint frenhinol (*royal privilege*) fel sail i fynd i ryfel yn anfoddhaol yn yr amgylchiadau presennol – tystiolaeth a dderbyniwyd gan bwyllgor dethol y Tŷ, ac a weithredid gan dri Phrif Weinidog – Blair, Brown a Cameron.

Taflwyd y confensiwn o'r neilltu oherwydd ofn y

Prif Weinidog, Cameron, y collai'r bleidlais yn Nhŷ'r Cyffredin. Hyderaf y bydd ailgydio yn fy athroniaeth dan Brif Weinidog arall.

Dywed rhai o'm cyfeillion caredig mai gosod yr athroniaeth ynglŷn ag angen am bleidlais yn Nhŷ'r Cyffredin oedd y peth pwysicaf inni fel dau o gyn-brif gyfreithwyr y llywodraeth ei wneud.

Rwy'n mawr obeithio y datblygir yr egwyddorion newydd lle mae cymaint o drychinebau, ac na fydd neb arall mor unig â mi yn ceisio cyfiawnhau'r angen i weithredu i achub cyfran helaeth o ddynoliaeth.

Dyma'r cyfnod mwyaf anodd imi fel Gweinidog y Goron. Byddai gymaint yn rhwyddach pe bawn yn wir heddychwr, er y bûm yn bur agos i ystyried ymddiswyddo yn y chwedegau adeg y rhyfel cartref yn Biafra a minnau'n Weinidog Amddiffyn. Y broblem bryd hynny oedd defnyddio mwy o arfau i ddod â'r rhyfel ofnadwy i ben lawer ynghynt, ac arbed bywydau – nid dadl rhwydd i'w datblygu, a methais pan ymwelais â'm pennaeth, yr Ysgrifennydd Amddiffyn, yn ei wely yn yr ysbyty. O hynny ymlaen arwyddais am bob cyflenwad o arfau i sicrhau fy nghyfrifoldeb personol.

Roedd yn amlwg imi oddi wrth yr oerni rhwng fy adran a'm cynrychiolwyr a Rhif 10, fod fy ymrwymiad i'r gyfraith wedi ffromi swyddfa'r Prif Weinidog ac yn debyg mai'r Twrnai Cyffredinol oedd y bumed olwyn ar y goets.

Fel rhan o'm dyletswyddau fel Twrnai Cyffredinol Gogledd Iwerddon nid oedd fy nyfarniadau wedi plesio fy nghyd-Weinidogion.

Mae'r hanes yn adroddiad Barnwr y Llys Apêl, yr Arglwyddes Heather Hallett, am y carcharorion Gwyddelig a oedd ar ffo ac wedi osgoi'r ddalfa. HC 380/17 Gorffennaf 2014. Gwnaed ymchwiliad annibynnol yn dilyn achos R. v. Downey, a ollyngwyd yn rhydd oherwydd addewidion trefniant gweinyddol y llywodraeth – y cyfan ar ôl fy amser i.

Roeddwn wedi ailystyried un achos, ar ôl pwysau gan gyd-Weinidog, yn dilyn athroniaeth y Twrnai Cyffredinol Hartley Shawcross, sy'n hollol gywir. Ar ôl ailystyried roeddwn yn ymddwyn, yn hollol annibynnol, wedi gwrthod y cais. Fe'm dilynwyd gan un Twrnai Cyffredinol ar ôl y llall – nid oedd yr un wedi goddef ymyrraeth gwleidyddol ar ei benderfyniadau. Roeddwn yn falch o'r gymeradwyaeth gan y Barnwr a'm bod wedi gosod y canllawiau i'w dilyn i'm holynwyr, pe byddent eu hangen.

Dim syndod imi, o fewn rhai wythnosau ym mis Gorffennaf, i'r Prif Weinidog fy ngalw i'w weld. Dywedodd nad oedd ganddo ddim yn fy erbyn, ond roedd angen fy lle i rai iau. Dywedais y byddwn yn ymddeol o'm swydd a chytunwyd ar hyn, gyda'r llythyron arferol o ddiolchgarwch. Roedd fy ymddeoliad yn gyson â'i addewid o roddi imi tua dwy flynedd yn y swydd.

I osgoi'r wasg, a chael peth hamdden, aeth Margaret a minnau i Lydaw am rai diwrnodau.

Yn weddol fuan daeth Jonathan Powell, Prif Weithredwr Blair, ar y ffôn i Elinor fy merch, a oedd yn gweithio imi fel ysgrifenyddes dros dro, i ddweud bod y Prif Weinidog am gynnig i'r Frenhines fy nyrchafu fel Marchog. Roedd y traddodiad tros ganrifoedd o ddyrchafu'r Twrnai wedi ei dorri yn ddiweddar. Ffoniais Powell o Lydaw yn derbyn y cynnig. Roedd ei eiriau fod y dyrchafiad "yn wir haeddiannol" yn garedig iawn.

Roedd fy ngyrfa fel Gweinidog ar ben ar ôl gwasanaethu Wilson, Callaghan a Blair mewn tair llywodraeth o 1964 i 1999. Roeddwn yn 68 oed. Gwaith dyn ifanc yw cario pwysau Gweinidog y Goron.

Awgrymwyd dau gwrs pellach imi – Barnwr yr Uchel Lys neu Gomisiynydd yn y Caribî. Gwrthodais y cyntaf oherwydd oedran a diffyg ehangder yn fy mhrofiad, yn fy marn i. Daeth dim o'r awgrym arall. Aeth y swydd i Ysgrifennydd parhaol!

Euthum yn ôl i bracteisio ar y Bar ac un a ddaeth yn fuan ataf i ymgynghori yn broffesiynol oedd Benazir Bhutto, cyn-Brif Weinidog Pacistan. Roedd llywodraeth y wlad am ei herlid yn y llys am faterion ariannol, os y cofiaf, ac roedd y Barnwr a ddedfrydodd ei thad i'w ddienyddio am gadw'r achos i'w Lys ei hun, er bod ei gylchdaith wedi symud gannoedd o filltiroedd. Roedd cwestiynau iawnderau dynol yn codi, a phleser oedd ei chyfarfod yn fy siamberi proffesiynol a sylweddoli pa mor finiog oedd ei meddwl a'i chwestiynau. Roeddent am i mi fynd i Bacistan i wylio'r achos. Ni allwn ymddangos yn eu llysoedd fel lladmerydd gan nad oedd gennyf statws proffesiynol yno, ac nid oedd yr amgylchiadau, yn ôl y papurau cyfreithiol, bob amser yn groesawus i dwrneiod lleol oedd yn gwrthwynebu dymuniadau'r llywodraeth. Roeddwn ar wyliau yn Sbaen erbyn hyn ac roedd yn rhyddhad i'm clerc wrthod y cynnig.

Roedd yn dristwch mawr imi pan glywais y newydd ei bod wedi ei llofruddio, yn debyg i Indira Gandhi, Prif Weinidog yr India, a adnabûm hefyd. Dengys pa mor beryglus y gall bywyd gwleidydd fod.

O hynny ymlaen gwaith nid annhebyg i'r gorffennol a wneuthum am rai blynyddoedd, ond arbenigo ar dwyll a materion ariannol. Doedd dim cyhoeddusrwydd i'r rhan fwyaf o'm gwaith heblaw achos llofruddiad plismon yn Broadwater Farm. Roedd yn dipyn rhwyddach i fynd yn ôl i bracteisio yn awr na phan y chwysais gymaint am rai blynyddoedd ar ôl bod yn Ysgrifennydd Cymru am chwe mlynedd.

Fe'm dyrchafwyd i Dŷ'r Arglwyddi yn 2001 fel Arglwydd Morris o Aberafan yn sir Gorllewin Morgannwg, a thalu teyrnged i'm hetholaeth. Gwnes gais llwyddiannus am deitl ychwanegol – 'o Geredigion yn Sir Dyfed' fel teyrnged i'm sir enedigol, ac ildio fy etholaeth a wasanaethais am dros 41 o flynyddoedd. Roeddwn yn awyddus i gyfrannu i waith cyhoeddus gwirfoddol ar ôl ymddeol o'r Bar yn 2001. Daeth dau gyfle, y cyntaf i fod yn Ganghellor Prifysgol Morgannwg ac wedyn De Cymru, ac yn ail i fod yn Arglwydd Raglaw Dyfed, yn cynnwys, wrth gwrs, fy sir enedigol. Cefais dipyn o bleser o fod yn Ganghellor am ddeuddeng mlynedd a cheisio rhoddi peth cyfarwyddyd i'r graddedigion ifainc. Cefais fy olynu gan y cyn-Archesgob Arglwydd Rowan Williams. Bu pawb yn y tair sir yn gymorth mawr i mi fel Arglwydd Raglaw. Ar ôl llanw'r swydd nid oedd yn weddus i ymladd brwydrau rhy wleidyddol a phenderfynais, heblaw materion datblygu datganoli yng Nghymru, i siarad yn unig ar faterion cyfreithiol. Yn Nhŷ'r Arglwyddi credwn fod gennyf gyfraniad i'w wneud fel cyn-Dwrnai, ac yn ddiweddar cyhoeddodd y *Times* fy marn cyfreithiol ar hawliau Prif Weinidogion i ofyn am derfyniad y Senedd yr eildro a gofyn am etholiad arall. Roedd wedi ei ysgrifennu yn 1992 fel cyngor i Neil Kinnock, ein harweinydd ar y pryd, ar ôl ymgynghori â Syr David Williams Q.C., yn enedigol o Gaerfyrddin, ac yn feistr un o golegau Caergrawnt, a Syr William Wade Q.C., cyn feistr fy ngholeg yno. Rhaid oedd ei ddiwygio ar ôl y Fixed Term Parliament Act, a gwneuthum araith yn y Tŷ ar y gwahaniaeth rhwng dymuno ail etholiad a dewis Prif Weinidog newydd.

PENNOD 5

Crwydro

PAN OEDDWN YN blentyn darllenais lyfr O. M. Edwards, *Tro i'r Eidal*. Bryd hynny roedd hi'n dipyn o ymdrech i drafaelu yno. Gymaint mwy oedd taith Gerallt Gymro i Rufain ar ei gais i fod yn Bab. Nawr mae pethau mor rhwydd. Rwyf newydd fod yno ar y trên.

Ac Aelodau Seneddol yn crwydro tros y byd i gasglu ffeithiau (*fact finding*) – unrhyw reswm, mae arna i ofn!

Cyn hynny, dim ond i'r Rhyl ar drip ysgol Sul, ac un tro i Lundain fel gwobr am basio'r tystysgrif C.W.B. y bûm oddi cartref. Pan oeddwn yn y coleg yn Aberystwyth euthum ar ysgoloriaeth am rai wythnosau un haf hyfryd i'r Iseldiroedd, i'r Hague, i ddysgu ychydig am gyfraith ryngwladol yn yr academi yno. Pan ymddangosais gerbron y llys rhyngwladol, flynyddoedd wedyn, y drws nesaf i'r academi, ar achos Iwgoslafia v. U.K. ac eraill adeg rhyfel Kosovo, roedd yn bleser i'w hatgoffa o'm hymweliad cyntaf yn fy araith i'r llys.

Rhan o'm dyletswyddau fel swyddog ifanc yn un o'r catrawdau Cymreig (y South Wales Borderers), fel Saunders Lewis yn y Rhyfel Byd Cyntaf yn yr Almaen, oedd o dro i dro i fynd â mintai fach o filwyr o Hanover i Ferlin i ddangos ein hawl i wneud y siwrnai trwy *zone* y Rwsiaid i'w sector ym Merlin.

Rhaid oedd gwneud y siwrnai â'r llenni wedi'u cau drwy'r nos, a phob milwr â'i ddryll wedi ei lenwi yn barod. Dwn i ddim beth ddigwyddai petai'r Rwsiaid wedi ymyrryd ar ein taith. Tybed y byddwn i, yn filwr 23 oed, wedi cychwyn Trydydd Rhyfel Byd? Duw a'm helpo!

Yr unig bleser oedd cael ticedi rhad, oherwydd gwerth y bunt yn erbyn y marc, i fynd i'r bale yn y sector Rwsiaidd. Y noson y bûm i yno roedd stori'r bale wedi ei seilio ar weithgareddau y Co-op a'r prif ddawnsiwr yn ôl y rhaglen oedd cadeirydd y Co-op! Tipyn yn wahanol i'r Co-op lle'r oedd fy mam yn prynu bwyd bob wythnos yn Aberystwyth.

Doedd dim un siwrnai dramor heb ryw ddigwyddiad sy'n aros yn fy nghof.

Yn fuan ar ôl dod yn Aelod Seneddol cefais ddwy siwrnai dra gwahanol, un i Ddwyrain yr Almaen a oedd dan sawdl y Comiwnyddion, a'r llall i Sbaen dan fawd y Cadfridog Franco, gyda dwy gyfran o'r gwledydd heb fawr o freintiau. Ni phetrusais pan ofynnodd y Parch Llewelyn Williams A.S. Abertyleri, a chyn hynny gweinidog capel

King's Cross ac olynydd Elfed, i Margaret a minnau fynd i'r rhan honno o'r Almaen. Roedd pethau'n ddigon tlawd yno, a phob person proffesiynol, yn enwedig y meddygon hŷn, wedi dianc i'r gorllewin. Roedd yn agoriad llygad inni, nad oedd wedi gweld fawr y tu allan i'n milltir sgwâr tan hynny.

Cyn hir cefais wahoddiad gan Ness Edwards, A.S. Caerffili, i fynd i Sbaen. Roedd cysylltiadau ganddo â'r Undebau Llafur yno, ac roedd rhai o'u harweinwyr yn cymeryd rhan yn eu cyfundrefn lywodraethol arbennig, a Ffasgaidd wrth gwrs. Digalon oedd y casgliad y deuthum iddo, nad oedd fawr o argoel y gellid disodli yr un o'r ddwy gyfundrefn ddictatoraidd yn y ddwy ran yma o Ewrop. Ni allwn ddychmygu y byddai'r ddwy gyfundrefn wedi eu dymchwel mewn ychydig o flynyddoedd a'r trigolion yn ennill rhyddid, ond dyna fel y bu. Roeddwn wedi bod yn dyst i ddictatoriaeth dra gwahanol, ac o'm tyb i heb obaith.

A minnau yn is-Weinidog yn 1965 yn yr Adran Ynni anfonodd y Prif Weinidog, Harold Wilson, y fi a dau ŵr ifanc arall, Peter Shore A.S., ei ysgrifennydd seneddol, a David Ennals A.S. – y tri ohonom maes o law yn aelodau o'r Cabinet – i'r Eidal i astudio sut oedd diwydiant a datblygiadau fel ffyrdd a thrydan yn cael eu hariannu gan y llywodraeth ganolog. Sefydlwyd corff arbennig i wneud hynny a enwyd yn I. R. I. – credaf gan Mussolini flynyddoedd ynghynt – ac nid oedd y beirianwaith heb amheuon gwleidyddol. Daethom yn ôl â chefnogaeth wleidyddol i'r system o ariannu yn ganolog, ac efallai fod ein barn wedi helpu rhywfaint i sefydlu corff nid annhebyg yn ein gwlad ni. Pwerau canolog i hybu cyflogaeth oeddent, a rhoddais flaenoriaeth i hyn drwy gydol fy ngyrfa fel gwleidydd. Rhan bwysig o'r daith oedd siwrnai i Taranto yn y de i weld y gwaith dur yno a sefydlwyd er mwyn dod â chyflogaeth i ran dlawd o'r wlad. Yr argraff a gefais oedd cyn lleied o weithwyr oedd i'w gweld yn y gwaith dur. Fy mhrofiad i ym Mhort Talbot cyn hynny oedd fod y gweithwyr yno fel morgrug yn tyrru o un rhan o'r gwaith i'r llall. A oedd neges i mi yn hyn? Ac i'r 16,000 a âi drwy gatiau ein gwaith dur bob dydd? Gwaith gwleidydd oedd cadw ei lygaid ar agor.

Yn fuan wedyn gofynnodd Fred Cartwright, pennaeth Cwmni Dur Cymru, i mi i gael cinio hanner dydd gydag ef. Roedd yn sioc ofnadwy i gael rhybudd ei fod yn rhagweld lleihad difrifol yng nghyflogaeth Port Talbot yn y blynyddoedd i ddod. Beth oedd i'w wneud? Ymdrechais wedyn i frwydro â phob gewyn dros y blynyddoedd i sicrhau buddsoddiadau enfawr yn ein gwaith dur, a'r un pryd derbyn y golled mewn cyflogaeth tros y blynyddoedd. Roedd y golau coch yn Taranto yn rhybudd creulon.

Un noson olau leuad roeddem mewn eroplên fach o sawdl yr Eidal i Rufain ac yn rhyfeddu ar brydferthwch y goleuadau oddi tanom wrth ddilyn yr arfordir ar hyd y siwrnai. Yn gellweirus dywedais wrth y lleill, "Beth ddywedai ein prif chwip fod mwyafrif y llywodraeth ar un eroplên fach?" Dau neu dri oedd y mwyafrif ar y pryd!

Nid oes llawer o'r byd nad wyf wedi bod ynddo, heblaw Rwsia a Tsieina, ond yn ddiweddar bûm yn St. Petersburg yn ceisio perswadio Cynhadledd Undeb Ryngwladol Seneddwyr i ehangu Siarter y Cenhedloedd Unedig i roi'r hawl gyfreithiol i ymyrryd mewn achosion tebyg i Kosovo. Bu Margaret yn Rwsia gyda thair gwraig arall oedd â'u gwŷr yn seneddwyr, cyn Perestroika, yn cyfarfod Iddewon a oedd yn cael eu gwrthod rhag dod i'r gorllewin. Os caed eu henwi roedd gobaith iddynt gael papurau i ymfudo. Roeddwn yn falch iawn pan ddychwelodd y pedair gwraig!

Ar fy nhaith i Hong Kong i weld ein milwyr, fe'm hebryngwyd gan yr uwch-gapten y pryd hynny, Johnny Rickett. Yn ddiweddarach, ef oedd cyrnol a phrif swyddog y Gwarchodlu Cymreig a oddefodd gymaint o golledion pan suddodd y *Sir Galahad* yn rhyfel y Falklands. Roedd ef a'r prif filwr, y Sergeant Major, wedi mynd ymlaen i ysbïo ar ansawdd y wlad pan fomiwyd y llong a gweddill y gatrawd arni. Roedd yn bleser ailgyfarfod ag e adeg dathlu Gŵyl Dewi yng nghlwb y Garrick yn Llundain. Dai's Day, yn ôl rhai o'r Gwarchodlu.

Yn fy amser roeddwn innau wedi bwyta'r genhinen

enfawr heb ei choginio ar ddathliad ein nawddsant yn Noc Penfro, ac roedd yn ofnadwy o ddiflas, a bûm yn eithaf sâl yn syth ar ôl y gamp.

Un o'm dyletswyddau fel Gweinidog Amddiffyn oedd ymweld â'r milwyr yn yr Almaen. Roedd yn fanteisiol iawn i gael defnyddio'r Comet a oedd yn rhan o'r Llu Awyr y gallai'r Frenhines a Gweinidogion ei defnyddio. Roeddem yn gadael ein plant yng ngofal eu mam-gu fel y gallai Margaret ddod gyda mi, ac roedd llygad gwraig yn help mawr i ofyn y cwestiynau iawn i geisio sicrhau amodau gwell i'r gwragedd ifainc.

Yn aml, pan oeddwn yn Weinidog Amddiffyn, teithiwn mewn hofrenydd o Battersea. Gwrthododd fy ysgrifennydd preifat fynd ar gyfyl yr hofrenydd. Gwell oedd ganddo fynd ar y trên tros nos i'm cyfarfod.

Flynyddoedd wedyn, a minnau'n Ysgrifennydd Cymru, roeddwn yn agor yn swyddogol waith olew Amoco yn Aberdaugleddau. Roedd Margaret gyda mi, ac ar ôl yr agoriad cafodd gynnig un ai siwrnai chwe awr yn ôl i Lundain ar y trên at y plant neu daith awr a hanner yn hofrenydd Ferranti. Dewisodd, ar ôl tipyn o chwysu, yr hofrenydd, ond dywed iddi gau ei llygaid yr holl ffordd gartref. Teimlwn yn euog iawn. Roeddwn yn debyg i'r Brenin Dafydd yn anfon Urias yr Hethiad i'r frwydr. Roeddwn i'n teithio mewn car cyfforddus yn ôl i gyfarfod yn fy etholaeth.

Bûm yn yr India ddwywaith i fod yn bresennol mewn lawnsio dwy long ryfel yno, fel y soniais yn gynharach.

O'm crwydro yn Affrica, gwlad De Affrig oedd y mwyaf diddorol, heblaw gweld yr anifeiliaid yn Tanzania dro arall. Roedd brodyr fy nhad-cu, ar ôl iddynt gloddio mwyn ac ymfudo i'r Rhondda i dorri glo, wedi ymfudo fel peirianwyr i Dde Affrig i gloddio am aur. Yno y mae eu disgynyddion o hyd, rwy'n credu. Adeg y rhyfel gwerthfawrogid yn fawr eu parseli o fwyd a danteithion.

Ar gais ein harweinydd, Neil Kinnock, anfonwyd Paul Boateng A.S. a minnau i Dde Affrig i ddadansoddi datblygiadau hawliau dynol, a Nelson Mandela wedi ei hanner ryddhau o Ynys Robben, ac yn wyrthiol ar ôl cymaint o flynyddoedd wedi cadw ei synhwyrau. Mae darluniau o'i waith yn fy nghartref. Nid oedd yn hollol rydd bryd hynny ac yn anffodus methom ei weld yn bersonol, ond gwelwyd pawb arall gan gynnwys gŵr o'r enw Pik Botha – Afrikaner gwyn a ymunodd â'r llywodraeth newydd. Pleser oedd cwrdd â chyfreithiwr gwyn yn ei wythdegau o'r enw Zimerman a oedd yn dal i weithio tros iawnderau. Dangosodd ddiddordeb mawr pan ges fy nghyflwyno iddo fel Cymro, a'n sgwrs yn troi at rygbi.

Dywedodd, "Rwyf yn cofio chwarae dros y Springboks yn Abertawe."

Pan ddywedais, ar ôl dychwelyd, wrth Kinnock, cafodd afael ar lyfr yn ei ddesg,

"Ie," dywedodd, "ar y *wing*, 1932."

Dro arall roeddwn yn cyflwyno papur yng nghynhadledd Undeb Ryngwladol Seneddwyr yn Cape Town a'r bwriad i geisio cael cytundeb rhyngwladol ar ailsicrhau fod poenydio yn anghyfreithlon, yn ôl cyfraith ryngwladol. Rhwydd oedd cael cytundeb rhwng y gwledydd. Mwy anodd oedd sicrhau gweithrediad byd eang. Tra oeddwn yn cynadledda cafodd Margaret y cyfle i fynd i Ynys Robben lle carcharwyd Mandela. Aethpwyd â hi mewn hen fad rhydlyd a ddefnyddiwyd i gludo carcharorion i'r ynys. Bu bron â rhynnu o oerfel ar y fordaith i'r ynys unig. Rhoddodd apwyntiad Boateng fel ein Llysgennad (High Commissioner) i Dde Affrig yn ddiweddarach dipyn o bleser i mi.

Fel Twrnai Cyffredinol euthum i gynhadledd ym Mecsico. Nid oeddwn yn gwybod fod pyramidiau yn y wlad honno, ond rhaid oedd codi yn gynnar i weld yr haul yn codi dros y pyramidiau, fel y nodais.

Doedd dim llawer o drafaelu fel Ysgrifennydd Cymru, heblaw siwrneiau pwysig i geisio denu diwydiant. Bob tro, awd â thîm o ddiwydianwyr ac aelodau undebau bryd hynny, ac un o'r siwrneiau oedd ymweld â phum dinas yn yr Amerig. Roedd fy araith i ddenu diwydianwyr wedi ei pharatoi yn fanwl gan fy swyddfa a'r trysorlys.

Roeddwn i ymweld â phum dinas a hefyd llywyddu yng Nghymanfa Ganu Cymry Gogledd Amerig, yng ngwesty'r Hilton o bob man, yn Efrog Newydd, a Chôr Treforys yn canu. Roedd yr araith honno dipyn yn wahanol wrth gwrs. Cyn mynd i'r Gymanfa gofynnodd fy ysgrifennydd preifat, John Lloyd, a oedd yr araith gennyf? Roedd yr areithiau i gyd ar fwrdd yn fy ystafell wely.

"Wrth gwrs," oedd fy ateb.

A minnau ar fin codi i siarad sylweddolais mai araith dinas Minneapolis oedd yn fy mhoced, nid araith y Gymanfa. Doedd dim i'w wneud ond baglu drwyddi. Ar ôl y Gymanfa, trois at fy swyddog i'r wasg, Brian Evans, cyn ohebydd yn Fleet Street, ac yn fab i'r bardd Wil Ifan,

"Ffordd aeth hi?" gofynnais.

"Eithaf da," atebodd, "ond roeddech yn gwneud pethau lan yn fwy nag arfer."

Aethom ymlaen i annerch Clwb Cinio Rotari yn Chicago, lle cynhaliwyd y cyfarfod cyntaf oll. Degau o fyrddau bach i eistedd tua deg yr un, ac ar bob plât roedd gwydr bach â diod coch ynddo fel y cwrs cyntaf. Un o'm dirprwyaeth oedd Emrys Evans, pennaeth Banc Midland yng Nghymru. Gydag ef roedd cadeirydd Bwrdd Datblygu Cymru, a oedd â llais dwfn iawn, Syr Dai Davies. Mynegodd Dai wrth Emrys pan gyrhaeddasom at ein bwrdd,

"It looks to me like communion wine."

Ateb ffraeth Emrys oedd, "Mae cof da gennych, Dai."

Ar daith i Israel, fel un o Gymdeithas Cyfeillion Israel fy nhro i oedd hi i gynnig diolch i'r rhai a oedd wedi rhoddi lletygarwch i ni. Dyna'r adeg y cyfarfuom â Phrif Weinidog Israel, Mr Rabin, yn ystafell y Cabinet. Fe atgoffais ef fod rhai yn dweud mai Cymry oedd trydydd llwyth ar ddeg Israel.

"Fy enw i yw John. David oedd enw fy nhad, a John oedd enw ei dad yntau. Ochr arall y teulu, Eleazar oedd enw fy nhad-cu, John oedd ei dad ac Ebenezer ei dad yntau. Roeddwn yn byw ger Pisgah, Seion oedd y pentref agosaf, ac yna Moriah, ac y mae llu o bentrefi eraill yng Nghymru ag enwau Beiblaidd. R'ym yn debyg iawn," meddwn.

Gwenodd Rabin, a doedd dim llawer ganddo i wenu amdano. Fe'i llofruddiwyd yn ddiweddarach.

Arweiniais ddirprwyaeth ar ran y Deyrnas Unedig i Japan un tro i ddenu diwydiant. Roedd yn waith caled, diwrnod ar ôl diwrnod, yn pregethu'r neges! Ac anodd oedd penderfynu pwy i gyfeirio ato, dynion y banciau a diwydiant ar draws y bwrdd neu, nid yn anaml, hen ddyn yn y cefn. Roedd llwyddiant Sony ym Mhenybont a diwydiannau eraill yn y maes arfau yn gryf, ac euthum bob tro â rhestr o gyrsiau golff Cymru, gan fod golff yn gêm ddrud iawn yn Japan.

Rhoddodd ein llysgennad dderbyniad inni a'r diwydianwyr mwyaf dylanwadol un tro. Cefais fy nghyflwyno i Lywydd Undeb Rygbi Japan, a gan fy mod yn Gymro, roeddem ein dau â thestun siarad da, ac yn barod i draethu yn awdurdodol. Yn ystod ein sgwrs datguddiodd ei fod yn gyn-beilot kamikase. Gofynnais iddo,

"Sut allech chi fod yn gyn-beilot oherwydd yr oeddwn bob amser yn credu mai siwrnai i angof oedd tasg peilotiaid, pob un yn mynd i'w dranc ar y ffordd i'r nefoedd."

"O," atebodd, "roeddwn yn wir yn ddewr, yn ddewrach na'r lleill, a phan ddaeth fy nhro i aeth rhywbeth o'i le ar beiriant yr eroplên, a gorchmynnwyd fi i ddychwelyd. Roedd angen dewrder mawr i ailgyfarfod eich cyfeillion, a'r rheini heb gychwyn eu taith i'r nefoedd tros yr ymerodraeth."

Tripiau diddorol oedd i Kenya, ac yna Tanzania a gweld yr anifeiliaid yn cerdded yn rhes at y dŵr neu'n ymfudo, yn ôl eu trefn yn flynyddol.

Un tro aethom i weld cartref i eliffantod bach a gollodd eu rhieni. Fe'u magwyd gan y gofalwyr, ac yna eu gollwng yn ôl i'r jyngl. Roedd yn ddiddorol clywed bod yr hen eliffantod yn cymeryd gofal ohonynt.

Stori drist oedd honno am eliffant bach a fu farw o hiraeth. Roedd ganddo un gofalwr yn unig, ond symudwyd y gofalwr i wneud gorchwylion eraill. Digiodd, a bu farw.

Dysgwyd y wers y dylsid rhannu gofalaeth rhwng mwy nag un gofalwr yn y dyfodol.

Fel yr awgrymais nid oedd yr un siwrnai heb ei digwyddiadau diddorol, ond teg edrych tuag adre bob tro, a chofio'r geiriau, "Mae'n werth troi'n alltud..."

PENNOD 6

Cloi

R'YM YN BYW mewn cyfnod diddorol, o addasu'r hen ddywediad Tseinïaidd. Bûm i'n ddyn lwcus iawn, gan amlaf yn y lle iawn ar yr amser iawn. Un anlwc a gawsom fel teulu oedd llawdriniaeth ddifrifol Margaret pan gollodd ei chlyw mewn un glust a gorfod ymladd am ei bywyd. Roedd hyn pan oedd y frwydr am y mesur datganoli yn boeth. Fy mhroblem fawr bryd hynny, heb gymorth teulu oedd tros 200 milltir i ffwrdd yng Nghymru, oedd cael y merched i'r ysgol a'u bwydo a'u gwisgo. Tipyn gwahanol i gyfleusterau ac adnoddau Gweinidogion ddechrau'r ganrif ddiwethaf.

Mewn oes o ddreifio miloedd o filltiroedd drwy Gymru cefais dair damwain ddifrifol. Y gyntaf pan oeddwn yn gyfreithiwr y ffermwyr, pan drodd y cerbyd trosodd ar yr eira. Dreifar swyddogol oedd wrth yr olwyn pan aeth y car Gweinidogol trosodd ar yr M4. Gallaf chwerthin yn awr wrth gofio caniad Stanley Charles, swyddog y dydd yn y swyddfa yn Nhŷ Gwydir, a minnau'n gorwedd ar y troli yn Ysbyty Swindon, yn dweud bod "cynllun gennym i gwrdd â phob posibiliad". Tybed a oedd awgrym o dristwch yn ei lais pan sylweddolodd na fyddai angen am angladd y wladwriaeth (*state funeral*) i'r Ysgrifennydd Gwladol yn Llandaf?

Gobeithiaf i mi sicrhau'r ffordd i'm cenedl i gael mwy o awdurdod i lywio ei dyfodol ei hun. Breuddwyd i eraill fu hyn yn y gorffennol. I mi dowd i ben y dalar ar ôl sicrhau'r nod a gychwynnwyd yn 1953, ac a wireddwyd yn 1999 pan sefydlwyd y Cynulliad.

Y perygl mawr ydyw bod yn hunanfodlon. Os gallaf osgoi'r cyhuddiad yma, gan fy mod yn ymwybodol o'r perygl, rhaid imi gyfaddef na ddisgwyliwn, yn ôl yn 1953, y byddai gymaint wedi ei gyflawni inni fel Cymry i fedru rheoli ein hunain o fewn cyfundrefn Prydain Fawr. Sylweddolais yn gynnar mai'r unig ffordd i sefydlu corff cenedlaethol i'n llywodraethu yn ddemocrataidd yng Nghaerdydd oedd trwy blaid a benderfynai ddefnyddio ei mwyafrif yn San Steffan. A dyna fel y bu.

Mae'r penderfyniad mawr wedi ei wneud. Gellir llanw'r bylchau yn y dyfodol, bob yn dipyn efallai. Fel y dywedodd Cicero, "Benthyciad oddi wrth natur yw bywyd, heb ddyddiad ad-dalu", ac fel y canodd Niclas, "Nid yw dyn ddim ond dafn mewn afon."

A minnau yn hanner olaf fy wythdegau beth yw fy mhryderon?

Yn gyntaf, datblygiadau yn y byd eang a dyfodol ein gwlad. Wrth ysgrifennu hyn, mae'r trafodaethau ym Mrwsel ar Brexit yn dal i rygnu mlaen. Ar ôl meddwl yn hir, daeth Margaret a minnau yn annibynnol i'r penderfyniad i bleidleisio i aros yn yr Undeb Ewropeaidd – penderfyniadau a ddaeth hanner awr cyn i'r post gau. Dwi ddim yn sicr p'run a oeddem yn iawn. Rwy'n ei gweld hi'n anodd sut y gellir cysoni nodau y llywodraeth. Rwy'n falch nad wyf yn y Cabinet ac yn gorfod ymgodymu â'r problemau.

Yn y Refferendwm yn 1976, yn ôl rhai adroddiadau, roedd amheuaeth pa ffordd y byddwn i'n pleidleisio. Roedd y rhifau yn y Cabinet rhanedig yn bwysig iawn. Mae'n bur debyg fod fy agosrwydd at Jim Callaghan, yr Ysgrifennydd Tramor, wedi dylanwadu arnaf. Penderfynais ei bod yn rhy ddiweddar inni fel cenedl y Cymry adael y Farchnad Gyffredin, fel y'i gelwid, a dyna'r neges a gyfeiriais fel Ysgrifennydd Cymru i Gymru mewn datganiad.

Yr un fath o bryderon oedd gennyf y tro hwn, yr ansicrwydd economaidd ofnadwy yn y bleidlais i adael yr Undeb Ewropeaidd. Dau achos o bryder oedd yn pwyso arnaf – y dyfodol i'm hwyrion a hwythau'n cychwyn, neu ar fin cychwyn ar eu galwedigaethau, a'r llall oedd yr ansicrwydd ynglŷn â dyfodol y diwydiant dur ym Mhort Talbot. Rwy'n dal i godi fy mhryderon yn Nhŷ'r Arglwyddi ac yn methu cael sicrwydd. Soniais am y dyfodol i amaethyddiaeth yn fy araith dathlu hanner canmlwyddiant Undeb Amaethwyr Cymru yng Nghaerfyrddin yn Rhagfyr 2016, undeb y cefais y fraint o'i gwasanaethu yn ddyn ifanc yn fuan ar ôl ei sefydlu. Mae'r wlad yn mynd yn fwy a mwy rhanedig, a newydd-ddyfodiaid yn codi problemau annisgwyl. Yn y bôn rwy'n dal yn erbyn symudiadau lluosog o genhedloedd i wledydd eraill. Gallwch fyw ag ychydig sy'n fodlon ymdoddi yng ngweddill y gymdeithas, ond pan mae llif di-ben-draw nid wyf yn gyfforddus o gwbl ar y newidiadau mewn cymdeithas sy'n sicr o ddilyn.

Ond beth am y llu o ffoaduriaid, rhan helaeth ohonynt yn ymfudwyr economaidd (*economic migrants*) sy'n dal i groesi Môr y Canoldir am fyd newydd yn Ewrop gyfoethog? Amhosibl cau ein llygaid i'w cyflwr truenus, ac yn arbennig y colledion mawr ar y môr. Beth ddylai ein 'cwmpawd moesol' fod? Rwy'n ymwybodol o linyn mesur moesoldeb, ond rwy'n bell o fod yn sicr sut i ymateb. Beth fyddai gweithredoedd ymarferol y Samariad trugarog a gymerodd ddwy geiniog, nid un, o'i boced?

Mae gennyf dipyn o adnabyddiaeth o wlad Libya, a fu'n rhanedig erioed. Pan oeddwn yn Weinidog Amddiffyn yn 1968–70 bûm yno dair neu bedair gwaith yn gwerthu tanciau, fel y gallent amddiffyn eu hunain. Y Brenin Idris oedd yn teyrnasu bryd hynny, a'r wlad oedd â stôr o olew yn edrych yn ddigon llewyrchus a heddychlon. Roedd hyn cyn Cyrnol Gaddafi. Roedd olion teyrnasiad yr Eidalwyr yno o hyd, ond nid mor amlwg a mawreddog ag olion y Rhufeiniaid.

Yn fy marn i nid yw'n harweinwyr, o Blair i Cameron, heb unrhyw brofiad milwrol, wedi deall o gwbl y perygl o ymyrryd yn y Dwyrain Canol heb wneud paratoadau am y dyfodol. Agorwyd bocs Pandora fwy nag unwaith yn y rhannau hyn, a byddwn yn dal i dalu'r pris am genedlaethau. Dylsai unrhyw un oedd ag ychydig o wybodaeth o hanes fod wedi sylweddoli mai methiant fyddai ymyrryd yn Affganistan.

Yn ddiweddar buom yn trafod mesur pwysig o ddatganoli i Gymru. Y pwrpas oedd efelychu'r athroniaeth sy'n bodoli y tu cefn i ddatganoliad yr Alban. Y gobaith oedd camu yn bellach ar y llwybr i Gymru i ddwyn sicrwydd – datganoli gymaint â phosibl. Credwn na ddylid gadael ar ôl yn San Steffan ond yr ychydig o bwerau cyffredinol fel amddiffyn a materion rhyngwladol. Yn anffodus roedd bysedd brwnt pob adran arall yn San Steffan ar y mesur: "Datganolwch, ond peidiwch dwyn pwerau o'm hadran i", a bron dau gant o bwerau'n cael eu cadw yn ôl. Ni wrandewid ar fy nghyngor i gael aelodau trwm o swyddfa'r Cabinet i swyddfa Cymru i sicrhau tewi ar gynigion yr adrannau eraill.

Rwy'n sicr y bydd rhagor o achosion yn ein prif lys yn ceisio setlo ffiniau rhwng Llundain a Chaerdydd. Nid oes dŵr clir rhwng y pwerau a roddwyd a'r pwerau a gadwyd. Yn lle bod Llywodraeth Cymru a'r Senedd yn canolbwyntio ar wella effeithiolrwydd eu cyfrifoldebau, gwastreffir eu hamser yn ystyried y ffiniau mewn cyfrifoldeb.

A Llywodraeth wedi ei sefydlu yng Nghaerdydd, a'r 'First Minister' wedi ei gyfieithu yn Brif Weinidog (gan anghofio'r brwydrau llosg rhwng Rhif 10 a phwyllgor y Cabinet ar y teitlau yn dilyn datganoli) beth yw pwrpas swydd Ysgrifennydd Gwladol Cymru? Onid yw wedi goroesi ei ddefnyddioldeb, heblaw bod yn lladmerydd gwleidyddol i ba bynnag blaid sydd mewn grym yn Westminster? Does fawr o bwerau gweithredol ganddo. Ar y mwyaf, *lobbyist* ydyw i'r Gweinidogion â phwerau. Does ganddo fawr o gynghorwyr – tybiaf yn agos i ddeg ar hugain – o'i gymharu â'r tair mil oedd yno pan oeddwn i'n Ysgrifennydd Gwladol. Dyna fesur faint o bwerau sydd ar ôl iddo.

Onid yw'r amser yn aeddfed yn awr y dylsid cynnal trafodaethau yn unionsyth rhwng y Gweinidogion yng Nghaerdydd a Westminster, yn arbennig rhwng Llywodraeth Caerdydd a'r Trysorlys? A dileu pa bynnag ddylanwad sydd gan yr Ysgrifennydd Gwladol? Dyna a ddigwyddodd ar gymal 11 Mesur Brexit. Doedd dim sôn am gyfraniad Ysgrifennydd Cymru.

Byddai'n fantais hefyd i Lywodraeth Cymru ar ôl tipyn mwy na deng mlynedd o lywodraethu wneud gwaith ymchwil, a chael cymorth annibynnol arbenigwyr i ddadansoddi llwyddiant neu fethiant gwahanol adrannau. Dyna'r ffordd y gellid mesur llwyddiant fy mreuddwyd. Gyda'r problemau yn y maes iechyd yn Lloegr, rwyf wedi blino ar y cymariaethau gwleidyddol am ddiffygion, rhai'n ddychmygol, ac eraill efallai yn wir, am wasanaethau yng Nghymru – y trawst yn dy lygad dy hun, o bosib?

Beth am yr Alban? Nid yw cewri gwleidyddol y Blaid Lafur yn yr Alban yn cael eu hethol i San Steffan mwyach – Gordon Brown, Alistair Darling, Robin Cook, Donald Dewar ac eraill. Fe ddiddymwyd eu holynwyr gan y Blaid Genedlaethol (S.N.P.). Ofnaf fod ansawdd rhai o'r aelodau Llafur wedi mynd ar ei waered dros y blynyddoedd, a rhai'n disgwyl cael eu hethol i seddau diogel heb fawr o drafferth, ac weithiau yn adlewyrchu y rhaniadau crefyddol. Ond nid dyna yw'r stori i gyd. Ymgyrchodd yr S.N.P. i greu barn fod angen newid, a newidiadau mawr, ac annibyniaeth yn goron ar y cyfan.

Er iddynt golli eu pleidlais ar annibyniaeth, dal i fygwth am bleidlais arall y maent rhywbryd. Mae llai o frwdfrydedd yn awr, ac yr oedd etholiad 2017 yn frêc ar eu dyheadau. Roedd braidd yn afresymol hawlio refferendwm tra bod perthynas Prydain ag Ewrop yn y fantol.

Mae hanes yn cael ei ailysgrifennu, â'r bloc sylweddol o Aelodau Seneddol yr S.N.P. yn cael dylanwad mawr ar wleidyddiaeth San Steffan. Rwy'n siŵr fod y gredo y byddai Llafur yn cydweithio â'r S.N.P. wedi gwneud drwg i ymgyrch Llafur yn etholiad 2015, ac nid yw geiriau croch digyfaddawd Nicola Sturgeon yn apelio at bawb. Roedd ychydig o sôn am y posibilrwydd o ddibyniaeth Llafur ar Sturgeon yn etholiad 2017 hefyd. Y broblem yn 2015 oedd maint y bloc Albanaidd (yr S.N.P.). Mae'r broblem yn dipyn llai oherwydd eu colledion yn 2017.

Mae ysgrif Gallagher ac Iain McLean (Nuffield College, a Gwilym Gibbon Centre for Public Policy Working Paper) yn fy atgoffa o'r sefyllfa gan mlynedd yn ôl pan oedd cenedlaetholwyr o Iwerddon â chymaint o ddylanwad rhwng 1886 a 1915.

O 1885 sylweddolodd Parnell y gallai ei blaid ddal y dafol mewn etholiad agos, a defnyddiwyd y gallu i ddylanwadu yn San Steffan. Perswadiodd Arglwydd Caernarfon, negesydd yr Arglwydd Salisbury, y Prif Weinidog, os byddai Parnell yn perswadio'r Gwyddelod yn Lloegr, Cymru a'r Alban i bleidleisio dros y Torïaid câi ryw fath o ymreolaeth. Er fod gan y Tŷ senedd grog, daeth Salisbury yn Brif Weinidog ac anghofiwyd ei addewid. Ar ôl hynny cefnogi llywodraethau Rhyddfrydol wnaeth y Gwyddelod. Dim ond rhwng 1906 a 1910 cafodd y Rhyddfrydwyr eu mwyafrif eu hunain. Fel arall roeddent yn ddibynnol ar y Gwyddelod, a allai dorri'r llywodraeth.

Gall yr S.N.P. gael yr un dylanwad ar wleidyddiaeth Lloegr a Chymru. Y nifer sy'n bwysig, a chymharu â mwyafrif unrhyw blaid arall sydd am lywodraethu yn San Steffan. Torrwyd hefyd ar ei haddewid i beidio pleidleisio ar faterion 'cartref' gweddill y Deyrnas. Doedd eu cyfiawnhad ddim yn berswadus. Nid yw'n dderbyniol o gwbl eu bod yn ceisio dylanwadu ar bolisïau addysg, er enghraifft, yng ngweddill y Deyrnas, pan mae'r adran honno wedi ei datganoli. Gallwn ymgodymu â'r broblem am gyfnod byr, ond os yw i barhau, rhaid edrych o ddifri ar ddyfodol yr Alban o fewn y Deyrnas Unedig. Os yw ei dyhead am Refferendwm i barhau, tybed a ddylsem roddi'r cyfle iddynt? Er fy mod yn 'undebwr' yn y cyswllt yma, ac yn sylweddoli cyfraniad yr Albanwyr dros ganrifoedd, ac yn gwerthfawrogi hyn, tybed a fyddai o fudd i bawb iddynt gael y cyfle i adael y Deyrnas Unedig os enillent Refferendwm arall ar annibyniaeth? A fyddai eu hymadawiad yn gymaint â hynny o golled? Tybed a enillent yn yr amgylchiadau presennol?

Ers fy nghyfnod i'n Ysgrifennydd Cymru, roedd clywed clochdar Willie Ross A.S., Ysgrifennydd yr Alban, yn syrffedus. Olew yr Alban oedd popeth ganddo, a chan nad oedd gennym olew yn y Môr Celtaidd, gwnaeth ei waethaf i geisio'm hatal rhag rhoi addewid i sefydlu Bwrdd

Datblygu Cymru yn ein maniffesto. Mae'r creithiau o'r frwydr gennyf o hyd! Y wers – doedd dim cydymdeimlad rhwng arweinyddiaeth yr Alban a Chymru, a'r peth mwyaf tebyg, does dim wedi newid oddi ar hynny.

Mewn refferendwm, tybed faint o dderbyniad y ceid i bolisi adeiladu teyrnas ar dywod, yn hytrach nag ar graig? Pan oeddwn yn Weinidog ifanc yn yr Adran Ynni roeddwn yn rhan o'r penderfyniad i wrthod buddsoddi fel gwladwriaeth mewn darganfod olew ym Môr y Gogledd gan mor ansicr oedd y rhagolygon. Anodd credu hyn yn awr, ond dyna fel y bu. Penderfynwyd mai gwell oedd i gwmnïoedd mawr fuddsoddi a mentro. Nid gwaith y wladwriaeth oedd gamblo, ac os oedd cyflenwad o olew, cymerai'r llywodraeth eu cyfran drwy drethi, a dyna a fu.

Mae ansicrwydd arall yn awr. Faint o olew sydd ar ôl y gellid ei ddarganfod a'i ddatblygu yn economaidd? A'r ansicrwydd arall sy'n glwm wrth y cyntaf – pris yr olew sy'n cael ei gynhyrchu a'i ddefnyddio yn fyd eang. Mae'r pris o fewn tri deg o flynyddoedd wedi mynd lan a lawr, o agos i 150 doler y barel i lai na 50 doler, a'r rhagolygon heddiw yn aneglur.

Dwn i ddim faint o apêl mewn refferendwm fyddai i'r Albanwyr hirben o adeiladu teyrnas ar gynnyrch y tywod, yr olew, ac yn gamblo ar ei bris? Fe'm hatgoffir o eiriau'r Efengyl, "Fe'i cyffelybir i ddyn ffôl a adeiladodd ei dŷ ar dywod." Ysgrifennwyd yn ddiweddar, "Only a decade ago, Saudi Arabia was a 'swing producer', moving world oil price with a twist of a shaikly wrist on the stopcock. Now the Saudi-led OPEC oil cartel is impotent, instead of oil production determining the price, it's vice versa, just as in most other commodities". Mae adroddiad economaidd olaf (2017) llywodraeth yr Alban (GERS) yn dangos faint o dwll sydd yn ei heconomi.

Er fy mod yn credu'n gryf mai cryfder datganoli ydyw'r ffaith fod pob rhan o'r Deyrnas Unedig yn gallu datblygu yn eu ffyrdd eu hunain, a'u blaenoriaethau arbennig, weithiau unigryw, dylem ystyried patrwm y datblygiadau.

Ond mae angen sicrwydd yng ngweddill y Deyrnas, ac nid yw o fudd i lywodraeth yn gyffredinol os yw ei sefydlogrwydd yn San Steffan yn ddibynnol ar y gobaith nad oes croes-awel o'r Alban. Gobeithiaf y sylweddolir hyn yn arbennig yn yr Alban. Nid yw dal y dryll drwy fygythiadau croch yn dderbyniol, nac yn fuddiol dros unrhyw gyfnod.

Fel y cymerodd Harold Wilson y cam tyngedfennol o sefydlu Comisiwn Brenhinol ar y cyfansoddiad yn 1969 credaf fod angen comisiwn tebyg eto i gynnig y llwybr gorau i bob gwlad i ddatblygu yn y ffordd y dymunant, ac ar yr un pryd ystyried y datblygiadau a'u cysoni lle mae'n fuddiol i anghenion y Deyrnas Unedig. Er enghraifft, faint mwy o ddatganoli sy'n ddymunol, a beth fyddai effaith un datblygiad ar y lleill? Mae rhai polisïau yn creu cenfigen annisgwyl mewn rhannau eraill. Mae angen comisiwn i ymweld eto â ffederalaeth.

A beth am ariannu yn ôl yr angen yn hytrach nag ar batrwm y gorffennol? Nid dewis imi oedd gorfod derbyn penderfyniad Barnett, ac ni feddyliodd y gŵr hoffus y byddai ei enw a'i fformiwla yn bodoli flynyddoedd ar ôl iddo ei nodi ar gefn amlen. Nid dyna'r ffordd i sicrhau'r weinyddiaeth orau, ac fel Cardi mae pwysigrwydd arian yn fy D.N.A.

Mae'n sicr fod comisiynau brenhinol wedi mynd allan o ffasiwn, ond mae'r angen am arwyddbost o'r dull gorau o ddeddfu drwy'r Deyrnas, a pherthynas rhwng cymdogion, yn gweiddi am ateb.

Atodiad

DARGANFYDDWYD DOGFEN A baratoais ar gais y Blaid Seneddol Gymreig (gydag aelodau o bob plaid ar y pryd) ar y testun y dylsai'r iaith Gymraeg gael statws iaith swyddogol (Chwefror 20, 1962). Fe'i lleolir yn swyddfa'r Archifau Cenedlaethol, yn Kew (Ffeil BD241186 a Ffeil LCO 2/8013).

Cychwynnais y ddogfen drwy nodi Deddf Uno 1536 a'r Welsh Courts Act 1942. Fy argraff yn gyffredinol oedd, ar ôl dileu cymal 17 o'r Ddeddf Uno, nad oedd gwaharddiad i ddefnyddio Cymraeg, ond efallai bod yna enghreifftiau arbennig lle bod Saesneg yn orfodol.

I ddileu amheuon cynigiais y dylsai'r Blaid Seneddol wneud cais i'r Swyddfa Gartref a'r Gweinidog dros faterion Cymreig i gyflwyno 'Mesur Dehongli', a ddylai wneud yn glir statws unrhyw ffurflen, cofnod neu ddogfen yn y Gymraeg, ac y dylsai gael dilysrwydd cyfartal â phe bai wedi ei ysgrifennu yn Saesneg.

Yn dilyn hyn awd â dirprwyaeth i gyfarfod â Syr Keith Joseph, A.S. ar Dachwedd 6, 1962, a oedd ar y pryd yn gyfrifol am faterion Cymreig.

Dengys y cofnodion i'r ddirprwyaeth gael ei harwain gan y Fonesig Megan Lloyd George, A.S., cadeirydd y blaid ar y pryd. Gofynnodd i mi i agor y drafodaeth, oherwydd mai myfi fu'n paratoi'r mater. Bûm mor ewn ag awgrymu enw cadeirydd unrhyw bwyllgor a sefydlwyd i drafod y mater gyda'r bwriad i baratoi canllawiau mesur. Yr enw a roddwyd gerbron oedd y cyfreithiwr enwog, Syr David Hughes Parry Q.C.

Dengys cofnodion cyfarfod pellach o'r gweision sifil fod peth amheuaeth ynghlwm â Syr David fel cadeirydd, oherwydd ei gysylltiadau a'i frwydro yn y gorffennol, ond dowd dros hyn, a'r canlyniad oedd adroddiad o'r radd flaenaf ar ddeddf iaith.

Penderfyniad Syr David a'i bwyllgor yn 1965 (para. 172), 'Am Amryw Resymau', oedd yr egwyddor o ddilysrwydd cyfartal i'r Gymraeg a'r Saesneg mewn gweinyddu Cyfiawnder a Gweinyddiaeth Weithredol yng Nghymru: 'Trwy hyn dilëir amheuon ac ansicrwydd ynglŷn â'r sefyllfa gyfreithiol'. Cynigiwyd y dylid ymgorffori'r statws yma mewn deddf. Mae'r geiriau yn adlewyrchu fy nogfen.

Rhyfeddaf yn awr i mi fel Aelod Seneddol ifanc (30 oed) yn 1962 chwarae rhan i berswadio'r Blaid Seneddol, ac yn dilyn hyn i San Steffan ddeddfu fel y gwnaeth yn 1967.

Credaf i rywbeth tebyg i'r term *equal validity*, ond efallai'n llai clir yn gyfreithiol, gael ei ddefnyddio ynghynt, ond dyma'r tro cyntaf rwy'n siŵr iddo gael ei drafod gan Weinidogion a'i sicrhau mewn dogfennau swyddogol.

Diddorol yw'r ysgrifen ar ben y ddogfen wreiddiol yn Kew:

'Copy sent to Mr Hewiston, Home Office.'

Felly cafodd ei gylchredeg.